Heinrich Bischoff

**Ludwig Tieck als Dramaturg**

Heinrich Bischoff

**Ludwig Tieck als Dramaturg**

ISBN/EAN: 9783743342767

Hergestellt in Europa, USA, Kanada, Australien, Japan

Cover: Foto ©ninafisch / pixelio.de

Manufactured and distributed by brebook publishing software (www.brebook.com)

Heinrich Bischoff

**Ludwig Tieck als Dramaturg**

# BIBLIOTHÈQUE

DE LA

# FACULTÉ

DE

# PHILOSOPHIE & LETTRES

DE

## L'UNIVERSITÉ DE LIÉGE

---

FASCICULE II

## LUDWIG TIECK ALS DRAMATURG

VON

Heinrich BISCHOFF

---

BRUXELLES

OFFICE DE PUBLICITÉ | SOCIÉTÉ BELGE DE LIBRAIRIE
46, RUE DE LA MADELEINE | RUE TREURENBERG, 16

1897

« Ich weiss nicht » schrieb i. J. 1854 Geheimer Rat Loebell an den Biographen Tiecks R. Köpke, « ob es in der gesamten Literatur ein zweites Beispiel gibt von einer die lautwerdende Kritik so beherrschenden Gehässigkeit gegen einen Autor, als gegen L. Tieck. ... So hat man z. B. für Tiecks kritische Meinungen das niederdeutsche, sonst in der Schriftsprache kaum vorkommende Wort « Schrullen » aufgestöbert. Schrulle erklärt das bremisch-niedersächsische Wörterbuch durch Anfall von Unsinn, toller Einfall, böse, närrische Laune ».[1]

Als Beispiel der Beurteilung L. Tiecks als Dramaturg von Seiten der Zeitgenossen, sei nur ein Aufsatz von G. Schlesier angeführt,[2] in welchem Tieck vorgeworfen wird, er habe das deutsche Theater zerbrochen, seinen Weg und seine Entwickelung gesperrt, die Dichter und Schauspieler irregeführt und sie um eine glückliche Entwickelung ihres Talentes betrogen. Tiecks kritisches Meisterwerk, die « Dramaturgischen Blätter », möchte Schlesier auf einige hundert Jahre verbannen ; es liege Gift auf jeder Seite derselben. Schliesslich wird Tieck ein Nullificirer (?) alles Gehaltes in der deutschen Dichtung genannt, und ausgesprochen, dass das einzige Heil für das deutsche Volk in der Abwendung von der Autorität seines Namens liege. — Die neuere Kritik ist Tieck kaum günstiger. Der bedeutendste deutsche Literarhistoriker unserer Zeit, W. Scherer, sagt von den dramaturgischen Blättern, sie bewiesen nur die Grillenhaftigkeit und Oberflächlichkeit ihres Verfassers. Schrullen und

---

1. *Rud. Köpke*: Ludwig Tieck. Leipzig 1855. II. 259.
2. *A. Lewald's* Allgemeine Theater Revue. Stuttgart und Tübingen. 1835 1. Jahrg. S. 3—53.

Grillen ist die stehende Bezeichnung geworden für Tiecks dramaturgische Schriften. Die Ursachen dieser sonderbaren Stellung der Kritik sind mannigfaltig. Was die Zeitgenossen betrifft, so muss im allgemeinen die Feindseligkeit gegen die romantische Schule, als deren Haupt man Tieck mit Unrecht ansah und noch heute ansieht, sowie persönlicher Neid in Anschlag gebracht werden. Wir wissen ganz bestimmt dass Tieck in Dresden, wo er seine dramaturgische Hauptthätigkeit entfaltete, einen harten Kampf bestanden hat, gegen eine kleingeistige, übelwollende Partei, die seine geistige Ueberlegenheit beneidete. Die Jung-Deutschen, Heine, Laube, Gutzkow, denen Tieck in einer Reihe seiner Novellen : Reise in's Blaue, Wassermensch, Eigensinn und Laune, Vogelscheuche, Liebeswerden, zu Leibe gegangen war,[1] waren auch übel auf ihn zu sprechen.[2] Am glimpflichsten beurteilte ihn noch Heine in seiner « Romantischen Schule ». Die modernen Literarhistoriker endlich übernehmen einfachhin das meist durch persönliche Abneigung und Missgunst gebildete Urteil. Tiecks dramaturgische Schriften sind heutzutage ganz in Vergessenheit geraten.

Ein schlagendes Beispiel bietet das kürzlich erschienene Werk von E. Wolff.[3] In seinem Ueberblick über die Geschichte der deutschen Dramaturgie erwähnt Wolff nicht nur Tiecks mit keinem Worte, sondern schreibt O. Ludwig's « Shakespeare Studien » das Verdienst zu, dass Tiecks dramaturgischen Blättern gebührt. Die « klärende Abrechnung » mit Schiller, ist von Tieck

1. Vgl. hierüber H. Laube's « Geschichte der deutschen Literatur ». Stuttgart. 1840. III. 176, und Tiecks « Kritische Schriften ». II. 407.
2. Vgl. H. Laube : « Moderne Charakteristiken ». Mannheim 1835. II. 145—169. K. Gutzkow : « Beiträge zur Geschichte der neuesten Literatur ». Stuttgart 1839. I. 48—52.
3. E. Wolff : « Geschichte der deutschen Literatur in der Gegenwart ». Leipzig 1896.

fast ein halbes Jahrhundert vor O. Ludwig vollzogen worden. Der Schluss zu dem O. Ludwig gelangt, dass die wahre historische Tragödie von Schiller wieder zu Shakespeare zurückkehren müsse, ist sozusagen der Angelpunkt von Tiecks dramaturgischen Schriften. Wie Lessing mit den Franzosen abrechnete, so rechnete Tieck mit Schiller ab, mit voller Anerkennung seiner Begabung und seiner Verdienste, und wies wie Lessing auf Shakespeare hin. Deshalb « blinken » nicht Ludwigs Shakespeare-Studien, sondern Tiecks dramaturgische Blätter « als ein Markstein in der Geschichte der deutschen Dramaturgie. »

Die Art von Tiecks Kritik hat auch viel zu seiner Unterschätzung beigetragen. Er hat seine Theorien nicht in systematischem Zusammenhange vorgetragen. Die Elemente seiner Kunstlehre sind in seinen verschiedenen Schriften zerstreut. Um dieselbe kennen zu lernen müssen wir in Betracht ziehen, 1° die Vorberichte zu seinen dichterischen Werken, 2° die Unterhaltungen über Kunst und Literatur im « Phantasus », 3° die satyrischen Ausfälle in den Märchenkomödien und Schwänken, besonders im « Zerbino » und « Gestiefeltem Kater », 4° die im zweiten Bande von Köpkes Biographie enthaltenen « Unterhaltungen mit Tieck », 5° als Hauptquelle, die « Kritischen Schriften » die Tieck von 1848 bis 1852 in vier Bänden bei Brockhaus in Leipzig herausgegeben hat, und die eine Sammlung bilden von Allem was Tieck auf dem Gebiete der literarischen Kritik geleistet. Einen Anhang dazu bilden 6° die « Nachgelassenen Schriften » herausgegeben von Köpke, Leipzig 1855, deren zweiter Band fast ausschliesslich Kritik ist. Endlich 7° enthalten Tiecks Romane und Novellen 75 an der Zahl, manche kritische Aeusserungen.

In den « Kritischen Schriften » (I. 83) sagt Tieck von sich selbst, er liebe spitzfindige ästhetische Untersuchungen nicht, in denen man sich am Ende von der poetischen und prosaischen Welt gleichweit entrückt fühle und in einem dünnen Aether von feinen und halbwahren Ideen schwebe. Köpke gestand er alles Reflectiren und Raisonniren habe seiner Natur stets fern gelegen ; er habe die Dinge immer aus dem Ganzen, aus dem Gefühl und der Begeisterung heraus, aufzufassen und anzuschauen gesucht. (Köpke : L. Tieck II. 169). Tieck theorisirt nicht, er charakterisirt. Er geht eher aus auf Widerlegung falscher Grundsätze, als auf Begründung wahrer. Seine Kritik ist eine vorwiegend negative. Nicht mit vorgefassten Regeln, sagt er, solle man an ein Kunstwerk herantreten, die neue Dichtung erzeuge neue Kunstgesetze, oder die schon bekannten erlitten eine neue Anwendung; urteile man ausschliesslich nach philosophischen Prinzipien, so komme man dazu im Unbedeutenden und Nichtigen das Höchste und Vollendetste zu erkennen. Auch solle man nicht aus anerkannten Mustern der Vergangenheit eine Kunsttheorie für die Zukunft aufstellen wollen ; die echte Kritik könne nur aus der Erfahrung, dem lebendigen Erkennen und der künstlerischen Begeisterung hervorgehen. (L. Tiecks Schriften I. Vorbericht). « Die ächte Kritik », heisst es in den dramaturgischen Blättern, « wird der Poesie nie zu nahe treten, sie stärkt und kräftigt diese vielmehr : aber sie selbst weiss es auch, dass ein jedes neue Werk des Genies auch neue Regeln und Gesetze gebiert ; diese sucht sie, und ist wahrlich, wenn sie ihren Beruf erfüllt, ebenfalls von schaffender, dichterischer Kraft. » (K. Sch. III. 247). Tieck versucht nicht seine Kritik durch allerlei dunkles, verworrenes philosophisches Geschwätz aufzustutzen. Von Verquickung der Philosophie mit der Kritik findet sich bei ihm keine Spur. Man solle, sagt er in dem bereits erwähnten Vorbericht, die Schöpfungen der Kunst nicht nach zu früh geschaffenen philosophischen Prinzipien beurteilen. Man erlebe es täglich dass der Philosoph, ohne Sinn für Kunst und Poesie, ohne Erfahrung, oft ohne die Anfangsgründe der

Kunst zu kennen, aus seinem System heraus, auch das
modeln und regieren wolle, was ihm das Allerunverständlichste sei. Tieck schneidet keine tiefsinnigen
Gesichter, wie der junge Friedrich Schlegel, strengt sich
nicht an um Gemeinplätzen durch eine verschwommene,
unklare Sprache einen Anschein von Ureigentümlichkeit
und Gründlichkeit zu geben, sondern drückt einfach und
klar seine Meinung aus. Dieser Vorzug war wenig
geeignet sein Ansehen, in den Augen gewisser Kritiker
zu heben. Bescheidener als Lessing, Herder, W. von
Humboldt, Schiller, will er nicht die Aesthetik erweitern;
er ist, in einem Worte, mehr Kunstbetrachter als
Philosoph.

Der hauptsächlichste Grund der Unterschätzung
Tiecks liegt aber in dem Umstande dass man keinen
Unterschied machte zwischen Tieck dem Dramatiker und
Tieck dem Dramaturgen, und die durchaus falsche
Meinung hegte, die dramatischen Werke Tiecks seien
wie bei Lessing der Ausfluss, die Praxis seiner Theorie
des Dramas. Tieck der Dramatiker und Tieck der
Dramaturg stehen, wie sonderbar dies auch klingen mag,
auf zwei ganz und gar entgegengesetzten Standpunkten.
Dieser auffallende Gegensatz ist zuerst von Heine in seiner
bekannten humoristisch-karikirenden Weise, betont
worden. « Es ist, » schreibt Heine in « Die romantische
Schule, », « ein sonderbares Missverhältnis eingetreten
zwischen dem Verstande und der Phantasie dieses
Schriftstellers. Jener, der Tiecksche Verstand, ist ein
honetter, nüchterner Spiessbürger, der dem Nützlichkeitssystem huldigt und nichts von Schwärmerei wissen will;
jene aber, die Tiecksche Phantasie, ist noch immer das
ritterliche Frauenbild mit den wehenden Federn auf dem
Barett, mit dem Falken auf der Faust. Diese beiden
führen eine kuriose Ehe, und es ist manchmal betrübsam
zu schauen, wie das arme, hochadlige Weib dem trockenen,

bürgerlichen Gatten in seiner Wirtschaft oder gar in seinem Käseladen behilflich sein soll. Manchmal aber des Nachts, wenn der Herr Gemahl mit seiner baumwollenen Mütze über dem Kopf ruhig schnarcht, erhebt die edle Dame sich von dem ehelichen Zwangslager und besteigt ihr weisses Ross und jagt wieder lustig wie sonst, im romantischen Zauberwald. » Heine hat bei dieser köstlichen Schilderung eher den Umschwung im Auge der sich um d. J. 1819 in Tiecks dichterischem Entwickelungsgang vollzog, den Unterschied zwischen demjenigen was er Tiecks zweite und dritte Manier nennt, doch passt eine witzige Gegenüberstellung auch ganz gut auf den Gegensatz zwischen dem Kritiker und dem Dichter Tieck. In Anschluss an Heine sagt H. Laube : « Zwei Seelen lebten, ach ! in seiner Brust : die phantastisch-romantische, der bekannte Paradiesvogel ohne Füsse, der also immer fliegen musste und sich absolut nicht niederlassen konnte, . . . . . — und die gute dramatische Einsicht, welche er sich durch Studium und Vorlesen erworben hatte. Diese beiden Seelen gediehen nie zu einer organischen Einigung in seinem Wesen. »[1] In einer Doktor-Dissertation der Leipziger Universität hat O. Kaiser diesen merkwürdigen Dualismus eingehend analysirt[2], weshalb ich denn auch hier denselben nur in seinen Hauptzügen andeuten will.

Der Dramaturg stellt als oberstes Prinzip des Dramas künstlerische Täuschung hin. Verstand und Phantasie, sagt er, müssen sich das Gleichgewicht halten. Beim Dramatiker bemerken wir ein Ueberwuchern der Phantasie über den Verstand, eine Mischung der Kritik in die Dichtung, der Reflexion in das poetische Shaffen, die eine künstlerische Täuschung unmöglich macht. — Der

---

1. *H. Laube :* Das norddeutsche Theater. Leipzig. 1872. S. 93.
2. *O. Kaiser :* Der Dualismus L. Tiecks als Dramatiker und Dramaturg. 1885.

Kritiker verlangt Rücksicht auf das wirkliche Leben, der Dichter kehrt demselben grundsätzlich den Rücken.

Der Dramaturg stellt als Haupterfordernis an das Drama die unmittelbare Gegenwart der Handlung ; das Drama, behauptet er, lebe in und von der Gegenwart. Der Dramatiker sucht seine Stoffe im Mittelalter.

Die Handlung, sagt der Dramaturg, soll einheitlich, übersichtlich, wahrscheinlich und notwendig sein. In fast allen Tieckschen Dramen, ist dieselbe gerade das Gegenteil, d. h. unzusammenhängend, unbegründet, unabgerundet oft mehrteilig.

Stimmungsmalerei, sagt der Kritiker muss im Drama so viel als möglich vermieden werden ; daher sind die lyrischen Bestandteile, die den Fortschritt der Handlung hemmen, möglichst zu vermeiden. Der Dichter unterbricht ungemein häufig die Handlung durch stimmungsvolle Lieder : Ottaven, Terzinen, Stanzen, Canzonen, Sonette u. s. w. sind in Hülle und Fülle in dieselbe eingestreut. Der « Octavianus » ist weiter nichts als eine Sammlung zusammengewürfelter lyrischer Gedichte, die mit unbedeutenden Dialogen notdürftig verbunden sind.

Wie die Verschmelzung der Lyrik mit der Dramatik, so verurteilt der Kritiker auch die Hineinmischung der Epik in die Dramatik. Der Dichter verquickt beide in der undramatischsten, stümperhaftesten Weise. Der heilige Bonifacius und die Romanze berichten ein langes und breites über dasjenige was man eigentlich auf der Bühne sehen sollte. Der Kritiker drängt überhaupt auf Scheidung der Dichtungsarten ; der Dichter wirft sie alle ineinander. Im Briefwechsel mit Solger[1] gestand Tieck später selbst, er habe sich durch eine übertriebene Verehrung des Shakespearschen (?) Perikles in eine Form vergafft, die Epik und Dramatik verschmelze ; es sei

---

1. *Solgers* Nachgelassene Schriften und Briefwechsel. Leipzig. 1826. I. 502.

ihm möglich erschienen selbst Lyrik hineinzuwerfen und so sei er in's Manierirte geraten.

Die Charaktere, sagt der Dramaturg, müssen naturwahr, gründlich motivirt, mark- und lebensvoll, individuell sein; sie müssen theatralische Anschaulichkeit besitzen. Der Dramatiker hat nie einen wahrhaft dramatischen Charakter zu schaffen vermocht; alle seine Schöpfungen sind schemenhafte, mark- und blutlose Typen, ausgestopfte, mit bunten Lumpen umhängte Marionetten.

Die Sprache des Dramas, behauptet der Dramaturg, muss der Natur abgelauscht, einfach, klar und männlich sein. Der Dramatiker bedient sich eines widerlich verschwommenen, gespreizten, schwülstigen Stils, voll klingenden Farben und duftenden Tönen, voll formeller Zuchtlosigkeit und leerem Kling-Klang.

Mit grosser Bestimmtheit fordert der Dramaturg vom Drama Bühnengerechtigkeit, und verurteilt selbst von diesem Standpunkte aus Goethes Dramen. Der Dramatiker dreht eigensinnig der Bühne den Rücken; keine einzige seiner dramatischen Schöpfungen nimmt Rücksicht auf dieselbe. Wäre seine Richtung im Drama durchgedrungen, so hätte er viel verderblicher gewirkt als Iffland, Kotzebue, Houwald, Werner u. a., mit denen er so scharf in's Gericht geht.

Tieck der Kritiker verurteilt energisch und verfolgt mit beissender Ironie die Schicksalstragödie. Tieck der Dichter regt durch seinen « Karl von Berneck », ein Drama, worin das Schicksal in seiner ganzen Nacktheit, Grausigkeit und Albernheit auftritt, diese Gattung an.

Wollte man die Schilderung dieses grellen Gegensatzes in alle Einzelheiten verfolgen, so würde es fast kein Ende geben.

Im Jahre 1816 hatte Tieck seinen stetigen Aufenthalt in Dresden genommen. Seine Uebersiedelung nach Dresden, wo er sich sofort eifrig des Theaters annahm, und i. J. 1825 als Dramaturg an demselben angestellt wurde, fällt zusammen mit einem bedeutenden Wendepunkt in seiner dichterischen Entwikelung. Nach Abschluss der grossen romantischen Dramen Genoveva und Octavianus, tritt ein langer Stillstand in Tiecks dichterischer Thätigkeit ein, während dessen sich ein fast vollständiger Wandel in seinem Innern vollzieht. Die Jahre von 1802 bis 1819 brachten als bedeutende Dichtungen nur den Phantasus (1811) und den Fortunat (1816) hervor. Die Kunstgespräche im Phantasus sind noch ganz romantisch.[1] Die Romantik des Fortunat hingegen ist schon eine sehr abgeblasste. Mit dem Fortunat beschliesst Tieck seine romantische Produktion, um sich in seinen Novellen, deren lange Reihe er i. J. 1820 beginnt, dem modernen Leben zuzuwenden, und dieses in vorwiegend realistischer Weise zu schildern. Die Brücke zur romantischen Schule hat er doch in seiner novellistischen Thätigkeit nie ganz abgebrochen ; der alte romantische Spuk lauert immer in ihm fort und bricht hie und da, wenn auch gedämpft, hervor.[2] Seine literar-historische, speziell dramaturgische Thätigkeit läuft fast parallel mit seiner novellistischen. Vor dem Jahre 1820 hatte er an bedeutenden kritischen Arbeiten nur einen Teil von « Das altenglische Theater » (1811) und « Die Anfänge des

---

1. Beispielsweise führe ich folgende höchst charakterische Stelle an, die Tiecks romantischen Dramen auf den Leib geschrieben zu sein scheint : « Es ist eine Art der Poesie erlaubt, welche auch das beste Theater nicht brauchen kann, die in der Phantasie eine Bühne für die Phantasie erbaut, und Kompositionen versucht, die vielleicht zugleich episch, lyrisch und dramatisch sind, die einen Umfang gewinnen, der gewissermassen dem Roman untersagt ist, und sich Kühnheiten aneignen die keinem anderen dramatischen Gedichte ziemen. Diese Bühne der Phantasie eröffnet der romantischen Dichtkunst ein grosses Feld und auf ihr dürfte manche alte anmutige Tradition sich wol zu zeigen wagen. » (Schriften IV. 361).

2. Ich denke hierbei an Novellen, wie : die Vogelscheuche, die Reise ins Blaue, des Lebens Ueberfluss, der Schutzgeist, Klausenburg, Pietro von Albano, die Reisenden, Abendgespräche, Dichterleben.

deutschen Theaters » (1817) geschrieben. Schon in diesem letzten Aufsatz ist nicht mehr die geringste Spur von romantischen Ideen zu erkennen, und dieser gänzlich von der Romantik abgewandten Richtung bleibt er getreu in allen folgenden dramaturgischen Schriften. Der grelle Gegensatz zwischen seiner dramatischen und dramaturgischen Produktion erklärt sich also durch eine vollständige Aenderung in seinen ästhetischen Ansichten ; seine dramaturgische Thätigkeit beginnt erst als seine dramatische beendet war.

Romantische Einflüsse spüren wir nur in zwei kritischen Jugendarbeiten Tiecks über Shakespeare : « Shakespeare's Behandlung des Wunderbaren » (1793) und « Briefe über Shakespeare » (1800), und in der Vorrede zu « Altenglisches Theater » (1811). Was den zwanzigjährigen Jüngling Tieck zuerst an Shakespeare fesselt, ist der Mond der Romantik der in seinen Märchen-Lustspielen scheint, mit allem Zubehör des Mystischen, Traumartigen, Phantastischen, Musikalisch-Lyrischen. Das waren die Elemente in Shakespeares Werken, die den jugendlichen Tieck an erster Stelle anzogen und die er in seinem sinnigen Aufsatz über Shakespeares Behandlung des Wunderbaren, nicht genug zu loben weiss. — Bemerkenswert ist dass Tieck hier vor allem an Shakespeare preist, dass er an seiner bezauberten Welt festhält, dass bei ihm « kein Umstand den Bedingungen widerspricht, unter welchen wir uns einmal der Illusion überlassen haben, » während er selbst in seinen phantastischen Lustspielen die einmal geschaffene Illusion fortwährend, willkürlich unterbricht. —
In den « Briefen über Shakespeare » segelt Tieck ganz in romantischem Fahrwasser. Da haben wir die ganz dilettantische, nebelhaft verallgemeinernde Methode der Kritik. Da stossen wir auf echt romantische Sätze wie : das Rechte, das über die Kunst gesagt werden

könne, dürfe nur prophetisch klingen, die Kritik solle selbst Poesie sein, ein Dichter könne am besten durch Allegorie, Verse und Geschichten erläutert werden. Da finden wir bissige Ausfälle gegen die Aufklärung, gegen die Tyrannei des guten Geschmacks, gegen die « knaupelnden Schönheitszergliederer ». Da begegnen wir der den Romantikern eigenen unbedingten Verehrung Shakespeares, die auch nicht den geringsten Tadel gegen dieses Wunder der Natur zulassen wollte. Da treffen wir endlich in Bezug auf das Drama Behauptungen an, bei denen gewiss dem späteren, einsichtigen Dramaturgen die Haare zu Berge gestanden hätten, wie z. B. : das Theater hätte durch das genaue Motiviren und die psychologische Auseinanderwicklung der Charaktere viel verloren, bei dieser Genauigkeit sei über die Richtigkeit das Ergötzen fortgegangen. Vom Drama verlangt Tieck nur es solle « ein schönes und reizendes Ganze » abgeben. Scharf verurteilt er Lessing wegen seiner « freigeisterischen » Gesinnungen, und verteidigt die Verwendung von jungen Männern in Weiberrollen, wie sie zu Shakespeares Zeiten üblich. Die grössten Dichter sind ihm Shakespeare und Cervantes « die wie durch eine getroffene Abrede die *romantische* Poesie zu ihrer höchsten Vollendung führten ». Von Shakespeare selbst erfahren wir blutwenig in diesen Briefen über Shakespeare. « Wie würde dir » schreibt Tieck dem Freunde, an den die Briefe gerichtet, « alle Höflichkeit zuwider werden, wenn der Wirt, der dich eingeladen hätte, es nur immer beim artigsten Nötigen in verchiedenerlei Redensarten bewenden liesse, und ihr beide nicht endlich zum wirklichen Essen schrittet ? » Tieck selbst ist dieser Wirt. Zum Essen, d.h. zu Shakespeare, kommt der Leser nicht.

Bezeichnend ist auch Tiecks Bemerkung in der Vorrede zu den Kritischen Schriften, die Briefe über Shakespeare sollten einen *Roman* bilden, worin ebenso viel Kritik unseres Zeitalters als des Shakespeares angedeutet und ausgeführt werden sollte.

Die letzte dramaturgische Arbeit Tiecks, worin er noch als Romantiker auftritt, ist die Vorrede zum ersten Bande einer Sammlung altenglischer Stücke, betitelt : « Alt-Englisches Theater, oder Supplemente zum Shakespeare. » Berlin 1811. Darin wird Calderon, den die romantische Schule Shakespeare gleich- wenn nicht überstellte, als dritter neben Shakespeare und Cervantes, in Tiecks poetische Dreifaltigkeit aufgenommen. Ganz im Sinne der Romantik wird Calderons poetischen Motiven : Ehre, Liebe und Religion, seiner trunkenen Begeisterung, seiner Ironie « die über seinen wilden und leidenschaftlichen Scenen schwebt », seinen Antithesen, dem Musikalisch-Lyrischen seiner Sprache, das höchste Lob gespendet, seine Kunstform als eine vollendete anerkannt. Ferner werden Kunst und Religion vereinerleit und das Mittelalter verherrlicht. Davon abgesehen zeugt jedoch diese Vorrede von einer viel geläuterteren und gereifteren Anschauung des Wesens der dramatischen Kunst, als seine kristischen Jugendarbeiten. Mit dieser Vorrede beschliesst Tieck für immer die romantische Periode seiner kritischen Thätigkeit. Rückfälle in diese Richtung kommen beim Kritiker nicht mehr vor.[1]

Er begnügt sich aber nicht damit seine romantischen Anwandlungen gründlich abzuschütteln, er wendet sich in seiner folgenden literar-historischen Thätigkeit *geradezu polemisch* gegen die romantische Schule. Auffallend ist est dass er dies nicht in seinen Novellen thut, die jedoch alle Modenarrheiten der Zeit, auch die literarischen geisseln, dass er vielmehr hier, ab und zu in die Romantik zurückfällt. Einer der gröbsten Irrtümer der modernen Kritik, und auch ein Grund ihrer Unterschätzung Tiecks, ist eben Tieck als einen Stimmführer

---

1. Die Vorberichte die er in späteren Jahren zu seinen gesammelten Schriften schrieb, und worin er sich fast notgedrungen gefällig über einzelne seiner romantischen Dichtungen ausspricht, können nicht als Rückfälle bezeichnet werden.

der romantischen Schule angesehen zu haben. Dass Tieck der Kritiker vielmehr ein Feind der romantischen Schule ist, wird aus folgendem klar hervorgehen. Wir besitzen übrigens über diesen Punkt bedeutende, bisher nicht beachtete Selbstgeständnisse Tiecks, in den « Unterhaltungen mit Tieck » bei Köpke. « Man hat mich, » äussert er Köpke, (S. 173) « zum Haupte einer sogenannten *Romantischen Schule* machen wollen. Nichts hat mir ferner gelegen als das, wie überhaupt in meinem ganzen Leben alles Parteiwesen. Dennoch hat man nicht aufgehört gegen mich in diesem Sinne zu schreiben und zu sprechen, aber nur, weil man mich nicht kannte. Wenn man mich aufforderte eine Definition des Romantischen zu geben, so würde ich das nicht vermögen. Ich weiss zwischen poetisch und romantisch überhaupt keinen Unterschied zu machen. »

« Das Wort *Romantisch*, das man so häufig gebrauchen hört, in oft so verkehrter Weise, hat viel Unheil angerichtet. Es hat mich immer verdrossen, wenn ich von der romantischen Poesie als einer besonderen Gattung habe reden hören. Man will sie der klassischen entgegenstellen, und damit einen Gegensatz bezeichnen. Aber Poesie ist und bleibt zuerst Poesie, sie wird immer und überall dieselbe sein müssen, man mag sie nun klassisch oder romantisch nennen. » (S. 237.)

Ueber den « Octavian » gesteht er Köpke, er habe darin keine neue Poesie geben, sondern nur darstellen wollen, wie die Poesie in einer bestimmten Zeit erschienen sei. (S. 173.)

Ueber die « Genoveva » schreibt er an Solger (Briefwechsel S. 453) sie sei eine Epoche in seinem Leben, sie sei unharmonisch und was eigentliche Zeichnung, Färbung, Stil betreffe, da sei er unzufrieden. (501).

Im Vorbericht zu den « Schriften » äussert er, seine Verstimmung gegen das Theater, das ihm zur Zeit der Abfassung der Genoveva, ausgeartet vorgekommen, habe

ihn einseitig und unbillig gegen dasselbe gemacht.
(Schriften. I. XXXII.) Somit verurteilt er selbst seine
eigensinnige Abwendung von der Bühne.

Ueber seine « Romantische Dichtungen », unter
welchem Titel er i. J. 1800 den Zerbino, den getreuen
Eckart und Tannenhäuser, die Genoveva, die Melusina,
das Rotkäppchen herausgab, bemerkt er, er habe dem
Worte *romantisch* keine besondere Bedeutung geben
wollen ; höchtens habe er damit andeuten wollen, dass
hier das Wunderbare in der Poesie mehr hervorgehoben
werden solle. Nachher sei das Wort ihm selbst zum
Ueberdrusse gebraucht worden. (Köpke II. 172.)

Tiecks Gesamturteil über die romantische Schule
lautet merkwürdigerweise folgendermassen : « In Kunst,
Poesie und Geschichte wollte man mit Willkür alte
Zeiten wiederholen und ein Mittelalter, wie es nie war,
wurde geschildert und als Muster empfohlen, Ritter-
romane, kindischer als jene veralteten, drängten sich
mit treuherziger Eilfertigkeit hervor, predigten süsslich
ein falschpoetisches Christentum, und lehrten mit dem
steifsten Ernst eine Rittertugend und Vasallenpflicht,
Ergebenheit unter Herrschern und Herzogen, Minne
und Treue ; in Ton und Gesinnung so über allen Spass
des Don Quixote hinaus, dass Scherz und Satire eben
deshalb keine Handhabe an diesen Dingen fanden, um
sie von den Tischen der Modegöttin herabzuwerfen. Die
alte, erst verkannte und geschmähte Kunst galt nun für
die einzige, das Zufällige, Ungeschickte an ihr für
die höchste Vollendung.[1] Die erneute religiöse Gesinnung
artete bald in Sektengeist und Verfolgung aus, und selbst
Lehrer der Wissenschaft glaubten nur fromm sein zu

---

1. Hierdurch verurteilt Tieck selbst seine mit Wackenroder unternommene Wiederbelebung der deutsch-mittelalterlicher Kunst. Er selbst, mehr wie jeder andere Romantiker, hat das « Züfällige u. Ungeschickte » an derselben, als die « höchste Vollendung » erklärt.

können, wenn sie die Wissenschaft zu vernichten suchten, so wie sich Künstler fanden, die nur begeistert zu sein vermochten, wenn sie sich von der Schönheit und von den Göttergebilden der Griechen mit einem heiligen Grauen abwendeten. » (K. Sch. II. 157.)

Noch schärfer äussert er sich in einem Briefe an Friedr. Laun: « Es brach die Zeit der sonderbarsten Poesie und Romanliteratur herein, von Deutschen erregt, aber von den Franzosen doch eigentlich nur mit Sicherheit und Virtuosität behandelt, die man so recht eigentlich dem Vernünftigen, Wahren und Edlen gegenüber die *romantische* hat taufen wollen. Ein Missverstand unserer Tage, wie so manche andere Irrtümer . . . . . . . . . Von selbst, ohne sonderliches Entgegensprechen, hat sich unsere deutsche, edle und verständige Nation wieder besonnen und abgekühlt, und bald werden diese merkwürdigen Seltsamkeiten nur noch als Meteore oder Sternschnuppen beachtet werden, die, mögen sie glühende Steine oder Lichtstreifen sein, niemals Welten erzeugen können. » (K. Sch. II. 406—407.)

In seinem bekannten Aufsatz über Schillers Wallenstein tadelt Tieck an Schiller, dass er durch Thekla's Gesang (Piccolomini III. 7), das Schauspiel dem *Romantischen* allzunahe bringe, « worin es doch auf keine Weise aufgehen kann und soll. » (K. Sch. III. 56.) Ferner beschuldigt er Schiller sich in der « Jungfrau von Orleans » nicht genügend gegen die verderblichen romantischen Einflüsse gewahrt zu haben. Die Legende seiner Heldin, sagt er, sei schon mirakelhaft genug gewesen, ohne Erdichtung neuer Wunder. Der Einwand die Jungfrau sei eben ein *romantisches* Trauerspiel, will Tieck nicht gelten lassen, denn mit diesem Stichwort solle man nicht « das Unmögliche, stets Unglaubliche » entschuldigen wollen. (K. Sch. IV. 154). « Soll denn also » ruft Tieck aus, « die Romantik der Tragödie darin bestehen, dass ich mich passiv den buntwechselnden Eindrücken überlasse, Zusammenhang, Wahrheit, Begründung nicht so genau verlange?» (K. Sch. IV. 157.) — Die Chorführer der romantischen Schule klagt Tieck an « zugleich eine Ueberschätzung und falsche Nachahmung der südlichen Poesie » (Tieck denkt hier vor allem an Calderon) verbreitet zu haben. (K. Sch. IV. 167.)

Ueber die Stellung des *Dichters* Tieck zur romantischen Schule herrschen ebenso viele verworrene und unrichtige Begriffe wie über das Verhältnis des *Kritikers* Tieck zu derselben Schule. Die Dosis Romantik welche seine dichterischen Werke enthalten wird gewöhnlich unterschätzt, während dieselbe beim Kritiker stark überschätzt wird. Die herrschende Meinung der Dichter Tieck habe sich nur vorübergehend, in der Mitte seiner Laufbahn der romantischen Schule angeschlossen, ist falsch. Ebenso falsch ist die Behauptung, sein Anfang sei realistisch-nüchtern gewesen, und er habe sich in der letzten Periode seiner dichterischen Entwickelung gänzlich von der romantischen Schule losgesagt. Es ist nicht leicht Tiecks dichterischen Entwickelungsgang zu verfolgen. Eine organische Entwickelung findet bei ihm nicht statt. Die verschiedensten Richtungen laufen durcheinander. Der Charakter des Beginnens und Versuchens, des plötzlichen Fallenlassens und Wiederaufnehmens herrscht vor. Es ist Tieck mit seinem dichterischen Schaffen nie wahrhaft ernst gewesen. Schillers Gedanke die ästhetische Thätigkeit sei nur ein Spiel, den romantischen Begriff der dichterischen Ironie hat er auf die Spitze getrieben. Sein Entwickelungsgang ist der inconsequenteste, widerspruchvollste, den man sich nur denken kann. Tieck der Dichter ist die vollkommenste Verkörperung von Friedrich Schlegels « recht freiem und gebildeten Menschen, der sich selbst nach Belieben philosophisch oder philologisch, kritisch oder poetisch, historisch oder rhetorisch, antik oder modern muss stimmen können, ganz willkürlich wie man ein Instrument stimmt, zu

jeder Zeit und in jedem Grade.»[1] Kein Dichter der
romantischen Schule hat die Allmacht des Subjects in
Hinsicht auf das ästhetische Verhalten so weit getrieben
als Tieck, keiner einen anderen Satz Fr. Schlegels dass
die Willkür des Dichters kein Gesetz über sich leide, so
genau befolgt. Er treibt sein dichterisches Spiel bis zur
Selbstironisirung, bis zum Vertreten und Verkörpern der
sich widersprechendsten Ansichten, nicht nur nacheinander sondern auch zu gleicher Zeit. Dazu half ihm seine
angeborene Fähigkeit sich in die verschiedensten Richtungen hineinzuleben. Er legt im Briefwechsel mit
Solger (I. 395) folgendes höchst bezeichnendes Selbstbekenntnis ab : « Oft wird mir angst, wenn ich meine
schnelle Fühlbarkeit sehe, mich in alle fremde Gedanken
und Zustände nur zu leicht hineinzudenken, so dass mir oft
auf Augenblicke und Stunden wie mein Selbst verdämmert; oder erinnere ich mich durch welche Flut wechselnder Gedanken und Ueberzeugungen ich gegangen bin, so
erschrecke ich und mir fällt Hume's Behauptung ein, dass
die Seele nur ein Etwas sei, an dem sich im Fluss der Zeit
verschiedenartige Erscheinungen sichtbar machen. »

In seinen Jugendversuchen « Die Sommernacht » (1789),
« Das Reh » (1790),[2] wiegt er sich in der bunt-romantischen Shakespearschen Feenwelt. Gleichzeitig ahmt er
im « Allamoddin » (1790) Kotzebue nach ; die nüchterne
Sprache dieses Schauspiels contrastirt scharf mit der
stark-lyrischen Färbung desselben. Daneben finden wir
im « Almansur » (1790) Rousseau'sche Empfindungsweise gepaart mit romantischer Naturschwärmerei. Durch
seinen Lehrer Rambach bereits achtzehnjährig um seine

---

1. Charakteristiken und Kritiken. Von A. W. u. Fr. Schlegel.
Erster Band. Königsberg. 1801. S. 248.

2. Die hier beigesetzten Jahreszahlen, sind die der Entstehung
von Tiecks Werken, nach Köpkes chronologischem Verzeichnis.

literarische Unschuld gebracht, bearbeitet er für diesen,
im Geiste der Aufklärung, apologetisch und sentimental
die Geschichten der edler Räuber, Mathias Klostermayer
(1791) und Ryno (1791), ohne jedoch ganz in dieser
Sudelei aufzugehen, da er am Schlusse des Klostermayer
erklärt, es sei ihm sauer geworden diesen Bösewicht als
einen Helden darzustellen. In den Ryno schiebt er
ossianische Lieder ein, die den Ton Ossians ganz gut
treffen. Darauf schreibt er eine Schicksalstragödie « Der
Abschied » (1792) auf realistischer Grundlage, und zugleicherzeit eine romantische Erzählung « Das grüne
Band » (1792), die sein grosses Erzählertalent bereits
ahnen lässt. Im « Abdallah », (1792) einer Erzählurg
voll Scepticismus, Pessimismus und Zauberspuk, wendet
er sich zur Schilderung des Grässlichen und Schauder-
vollen. Diese Richtung verlässt er auf kurze Zeit, um
sich Shakespeares Märchenwelt wieder zuzuwenden,
« Der Sturm » (1793), fällt aber sofort wieder in dieselbe
zurück, im « William Lovell » und im « Karl von Berneck », deren erste Bearbeitungen bereits dem Jahre 1793
angehören. Karl von Bernek ist eine noch viel grüss-
lichere Schicksalstragödie als der Abschied. William
Lovell ist ein echt romantischer, blasirter Weichling und
Lüstling, der die vom romantischen Dichter geforderte
Willkür und Ironie auf das Gebiet der Moral überträgt,
sein eigenes Ich als « das einzige Gesetz in der ganzen
Natur » stempelt, nicht vor den schaudervollsten Verbrechen zurückscheut um seine Gelüste zu befriedigen,
die Sinnlichkeit und Wollust als « das erste bewegende
Rad in unserer Maschine », als den « Pol um welchen
alle Wünsche der Menschen fliegen », als den « Geist
der Musik, Malerei und aller Künste » hinstellt, und sich
nach Aufzehrung aller körperlichen und geistigen Kräfte
in die Mystik flüchtet. Zugleicherzeit mit dem Lovell
entsteht bei Tieck der Gedanke an den Sternbald. Zwei
schroffere Gegensätze sind nicht denkbar. In « Sternbalds
Wanderungen » wird nicht mehr die absolute Selbst-

herrschaft des Ichs verkündigt, sondern gesagt allein
« das Licht von oben » könne « unsern Weg erhellen ».
Da wird nicht mehr die Wollust als das Princip der
Kunst angegeben, sondern die Religion. Da herrscht
nicht mehr das Schaurige, Grauenvolle, sondern die
heiterste Harmonie, nicht mehr Scepticismus und Pessimismus, sondern Lebensfreudigkeit und innere Befriedigung in der von religiöser Begeisterung getragenen
Ausübung der Kunst. Zwischen « William Lovell » und
« Franz Sternbalds Wanderungen », die wie grundverschieden sie auch sein mögen, doch beide durch und durch
romantisch sind, fallen die meisten Erzählungen die L.
Tieck für die Nicolaïschen « Straussfedern » (1795-98)
schrieb, worin er mit engem Anschluss an das gewöhnliche Leben, alles Aussergewöhnliche, Ueberspannte, sich
genial-Geberdende — alles *Romantische* i. e. W. verspottete. Viele dieser Erzählungen sind ziemlich
lüderlich. Dass dieselben jedoch nicht aus dem Herzen
geschrieben, empfindet man bei der Lektüre. Tieck hat
dem alten Kampfhahn der Aufklärung diese rationalistischen Almanachgeschichten besorgt, des lieben Brotes
willen, denn er war damals ausschliesslich auf den
literarischen Erwerb angewiesen. Sie legen nichtsdestoweniger Zeugnis ab von seiner erstaunlichen
Geschmeidigkeit. Es war eine Ironie des Schicksals dass
derselbe Mann, der der Aufklärung bereits entgegengetreten war und dieselbe nachher so energisch und so
geistreich wie kein anderer bekämpfte, derselben seine
Feder verkaufen musste. Eine dieser Straussfedergeschichten « Das Schicksal » ist eine Satire gegen das
Gerede vom Schicksal, die in demselben Jahre (1795) als
die Schicksalstragödie « Karl von Berneck » erschien.
Während der Arbeit an den « Straussfedern » befriedigte
Tieck insgeheim seine romantischen Gelüste durch ein
Puppenspiel, worin er den von den Aufklärern verhassten
Hanswurst verteidigte, « Hanswurst als Emigrant »
(1795) ferner durch die fortgesetzte Arbeit am Lovell

und am Sternbald, durch eine kleine Ritter- undGeister-Erzählung « Die Versöhnung » (1795), endlich durch stimmungsvolle lyrische Gedichte. In den Straussfeder-Geschichten selbst sucht er hie und da seinem natürlichen Hange zur Darstellung des Schaurigen, Gespenstischen, durch Spukgeschichten Genüge zu thun, die er dann zur Beruhigung des alten Nicolaï mit einigen Spässen darüber einleitet oder abschliesst. In der besten der für Nicolaïs Sammlung geschriebenen Erzählungen « Peter Lebrecht » (1795) mit dem satirisch zugespitzten Titel « Eine Geschichte ohne Abenteuerlichkeiten », verspottet er seinen eigenen « Abdallah ». In echt romantisch-ironischer Weise gibt Tieck später, (1797) unter dem Namen des Peter Lebrecht, eine Sammlung von Volksmärchen heraus, worin die beissendsten Satiren aufgenommen sind, die je gegen die Aufklärung geschrieben wurden, nämlich « Der gestiefelte Kater » (1797) und die « Denkwürdige Geschichtschronick der Schildbürger »(1796). Der jüngere Nicolaï bemerkte erst beim dritten Bande den Betrug und schickte demselben eine Erklärung voraus, worin er seine Teilnahme an diesen antirationalistischen Dichtungen ablehnte. Die meisten der Volksmärchen von Peter Lebrecht sind nicht satirisch, einfache, gelungene Nacherzählungen der alten Volksgeschichten, voll romantischen Duftes. Einen Rückfall in die Abdallah-Stimmung bekundet das düstere, frei erfundene Märchen « Der blonde Eckbert » (1796) während das dramatisch behandelte Märchen vom « Ritter Blaubart » (1796) als ein Vorläufer seiner späteren romantischen Dramen zu betrachten ist. All diese Volksmärchen stehen im grellsten Gegensatz zu den Straussfedergeschichten. Noch merkwürdiger ist dass Tieck inmitten seiner Verspottung der aufklärerischen Nützlichkeitsrichtung in der Literatur, des poesielosen und poesiefeindlichen Geistes des Zeitalters, seine Beteiligung an den Straussfedern fortsetzt, und noch vier Erzählungen für die Sammlung schreibt, wovon zwei, die « Merkwürdige

Lebensgeschichte Sr. Majestät Tonelli » (1798) und « Die Freunde » (1797), allerdings auch Märchen, die zwei anderen aber « Ein Tagebuch » (1798) und der « Roman in Briefen » (1797), ganz im nüchternen Stile der übrigen Beiträge gehalten sind. Von nun an, stellt Tieck sein dichterisches Talent vollständig in den Dienst der romantischen Schule. In einer Reihe satirischen Dichtungen « Die sieben Weiber des Blaubart » (1797), « Die verkehrte Welt » (1797), « Prinz Zerbino » (1798), « Das jüngste Gericht » (1800), « Anti-Faust » (1801), giesst er die Lauge seines Spottes über Alles aus, das den romantischen Lehrsätzen irgendwie widerstrebt. Sein grosses Talent als Satiriker ist auch bis auf den heutigen Tag nicht nach Gebühr anerkannt worden. Er nimmt dann seine ganze poetische Kraft zusammen um in der « Genoveva » (1799) und im « Octavian » (1802), die Mustertragödien der Romantik zu liefern, die vollständigsten und vollkommensten dichterischen Verkörperungen aller romantischen Lehren und Tendenzen. Seine dramatische und epische Bearbeitung von Märchenstoffen setzt er fort. Auch verliebt er sich noch einmal in Shakespeares Feeen, « Das Ungeheuer und der verzauberte Wald » (1798). Mitten in dieser romantischen Schwelgerei, schreibt er den Fastnacht-Schwank « Der Autor » (1800), worin er die Uebertreibungen der Romantik, die Grundsätze der Lucinde insbesondere verspottet, seine eigene Lyrik parodirt, und zugleich die anti-romantischen Bestrebungen lächerlich macht. Nach Abschluss des Octavian stockt seine dichterische Thätigkeit acht Jahre lang fast gänzlich. Das Wenige was er aber hervorbrachte, einige lyrische Gedichte und ein paar dramatische Fragmente, ist ganz romantisch. I. J. 1811 nimmt er seine Märchendichtung wieder auf, die wie in den « Elfen » entweder anmutig, lieblich, oder wie im « Liebeszauber » düster, schaurig ist ; beide Richtungen waren auch in seiner früheren Märchendichtung genau abgezeichnet. Man denke nur an die heitere Melusina (1800) und an den grausigen Eckbert (1796). Er schreibt auch seine letzte romantische Satire, « Leben und Thaten des kleinen Thomas, genannt Däumchen » (1811) dessen Spitze gegen die antikisirende Geschmaksrichtung in der Literatur gerichtet ist. Dieses dramatische Märchen, sowie frühere (Blaubart, Rotkäppchen, Gestiefelter Kater, Verkehrte Welt), und die meisten seiner Märchen in erzählender Form nimmt er nun in seine « Phantasus » (1811) betitelte Sammlung auf, deren dritter und letzter Band der « Fortunat » (1816) bildet. Die Herausgabe des « Phantasus » ist die letzte poetisch-romantische Hauptthat Tiecks. — Von der letzten Periode des dichterischen Entwickelungsganges Tiecks die mit d.J.1821 anhebt, — fünf Jahre lang war er wieder fast gänzlich verstummt — haben wir bereits gesprochen. Er widmet sich in derselben ausschliesslich der Novelle,[1] in welcher er hauptsächlich das wirkliche, vorzugsweise moderne Leben gestaltet. Eine streng-consequente Richtung verfolgt er aber auch hier nicht. Anklänge an alle vorhin angedeutete Entwickelungsstadien, Rückfälle in die Abdallah-Lovell- und Sternbald-Stimmung, sowie in die Romantik überhaupt, kommen vor. Hingegen bekämpft er auch nun manche der früher von ihm verteidigten Ansichten, wie z. B. die übertriebene Kunstandacht in « Die Gemälde » (1821), die religiöse Mystik in « Die Verlobung » (1822), die übertriebene Voreingenommenheit für das Mittelalter im « Hexensabbath » (1831), die Vorliebe für den Spuk in « Die Wundersüchtigen » (1829), für die Waldeinsamkeit in « Waldeinsamkeit » (1840), die romantische Mondanbetung, seine eigene « mondbeglänzte Zaubernacht » in « Der Mondsüchtige » (1831). Während er, wie bereits angedeutet, eine ganze Gruppe Novellen gegen das junge Deutschland richtet, redet er in der « Vittoria Accorombona » (1840) den jungdeutschen

---

1. Die einzige gründliche Untersuchung über Tiecks Novellen ist die von J. Minor in den « Akademischen Blättern ». 1884.

Emancipationsideen das Wort. Während er im « Zauberschloss » (1829) die Schicksalstücke parodirt, ist die Erzählung in « Der fünfzehnte November » (1827) ganz vom Glauben an das Schicksal durchdrungen. Widerspruchsvoll beendigt Tieck seine dichterische Thätigkeit wie er dieselbe begonnen, indem er in seinen Novellen nicht nur die widersprechendsten Ansichten verteidigt, sondern auch in Bezug auf die poetische Ausführung bald realistisch, bald phantastisch-romantisch ist. Denselben Dualismus bemerken wir beim Lyriker. Die Plastik der Schilderungen in den Reisegedichten aus Italien stimmt nicht zu seiner zerflossenen, meist in leerem Kling-Klang aufgehenden Wald- und Mondscheinlyrik.

Tiecks dichterische Thätigkeit ist eine bei weitem überwiegend romantische. Die Neigung zu Allem was man unter dem Namen Romantik zusammenfasst lag tief in seinem Wesen, ist ihm nicht, wie vielfach behauptet, von den Schlegeln eingeimpft worden. Die Verbindung mit diesen hat diese Neigung nicht hervorgerufen, sondern nur gesteigert. Kein Dichter der romantischen Schule hat so durchaus romantische Dichtungen geschrieben wie Tieck, keiner alle theoretischen Ausschweifungen der romantischen Aesthetik so voll und ganz in die dichterische Praxis umgesetzt. Was den Dramaturgen vor diesen Uebertreibungen bewahrt hat, ist die gute dramatische Einsicht die Tieck sich durch jahrelanges, gründliches Studium der Meisterwerke der dramatischen Literatur aller Völker erworben hatte. Dazu kommt dass fast alle dramatischen Schriften Tiecks einer Zeit angehören, wo er alles eher als ein Fanatiker der Romantik war.

Tiecks literarhistorischer Studium war sein Leben lang fast ausschliesslich auf das Drama gerichtet. Er war Dramaturg aus ganzer Seele. « Das Theater », äusserte er Köpke, « hat einen grossen Einfluss auf mein Leben gehabt. Ich verdanke ihm die genussreichsten Stunden..... In meiner Jugend hatte es für mich einen unüberwindlichen Reiz. Das Drama, ja schon die dialogische Form hat von jeher für mich etwas Anziehendes gehabt..... Wo ich etwas Dramatisches sehe, da greife ich noch heute zuerst danach, und so schlecht es auch sein mag, ich habe eher keine Ruhe, als bis ich es durchgelesen habe. » (Köpke II.177.)

Unter allen dramatischen Dichtern übte *Shakespeare* bei weitem die grösste Anziehungskraft auf ihn aus. Im Namen Shakespeare, bemerkt Köpke, lag für Tieck ein Zauber, der ihn sein ganzes Leben hindurch beherrscht hat. Dieser Name schloss für ihn alle Poesie, alle Begeisterung, alles Grösste und Höchste in sich. « Das Centrum meiner Liebe und Erkenntnis », schreibt Tieck selbst, « ist Shakespeares Geist, auf den ich alles unwillkürlich und oft, ohne dass ich es weiss, beziehe, alles, was ich erfahre und lerne, hat Zusammenhang mit ihm, und so studire ich ihn unaufhörlich. » (K. Sch. I.141). Die Beschäftigung mit Shakespeare durchzieht nicht nur die ganze kritische, sondern auch dichterische Thätigkeit Tiecks. Er spricht über ihn in Briefen, Abhandlungen, literarhistorischen Einleitungen, dramaturgischen Kritiken, Anmerkungen, Gesprächen, Dramen und Novellen. Seine dichterische Laufbahn beginnt er sechszehnjährig mit einer anmutsvollen, sinnigen, poetischen Verherrlichung Shakespeares. Der Held der « Sommernacht » (Nachg. Sch. I.3) ist der Knabe Shakespeare. Er hat sich in das Elfenreich verirrt und wird von Titania und Oberon mit den schönsten Gaben reichlichst beschenkt. Titania verleiht ihm die innige Liebe zur Natur, die Glut der Phantasie, die Milde und Bescheidenheit.[1] Oberon

---

1. Ein wahrer und feiner Zug, der besonders hervorsticht wenn man Shakespeare Marlow u. Greene gegenüberstellt, und den Tieck übrigens in der Novelle « Dichterleben » zum Grundzuge von Shakespeares Individualität gemacht hat.

schenkt ihm die Flamme der Begeisterung, die Kühnheit und die Gewalt auch das Grossartige und Schreckliche in der Natur und im Menschenleben darzustellen. Der schalkhafte Puk verleiht ihm endlich die « heitre Laune». In an Goethes Faust erinnernden Bildern, drückt der junge Shakespeare beim Erwachen das Bewusstsein seiner dichterischen Kraft aus. So lieferte der sechszehnjährige Tieck in seinem Erstlingswerke, bereits als Primaner, eine feinsinnige Charakteristik Shakespeares. Während seiner Studienzeit in Göttingen beschäftigte er sich viel mit dem altenglischen Theater. Früchte dieses Studiums waren Uebersetzungen des « Volpone » von Ben Jonson (Schriften XII. 1) und des « Sturms » von Shakespeare, zu welcher er als Vorrede die Abhandlung « Shakespeares Behandlung des Wunderbaren » schrieb. (K. Sch. I. 35.) Scharfsinnig untersucht er darin die Mittel durch welche Shakespeare in seinen phantastischen Komödien die Täuschung für seine übernatürlichen Wesen gewinnt. Hübsche Bemerkungen, neben einigen abgedroschenen Phrasen, enthält auch der Abschnitt worin er darlegt wie das Wunderbare in der Tragödie behandelt werden muss. Bereits in polemischer Wendung gegen die ihm später so verhasste französische Tragödie, rühmt er an Shakespeare, dass er nicht durch das Studium der dramatischen Meisterstücke der Alten, sondern durch ein aufmerksames Studium des Menschen gelernt habe auf die Gemüter zu wirken, dass er nach seinem eigenen Gefühl und den aus eigener Erfahrung hergeleiteten Regeln seine Kunstwerke gedichtet habe. In Göttingen schrieb Tieck auch für die « Bibliothek der schönen Wissenschaften » einen Aufsatz über « Die Kupferstiche nach der Shakespeare-Galerie in London » (K. Sch. 1. 3.) Mit Anklängen an Lessings Laokoon bespricht er das Verhältnis des Malers zum Dichter. Bemerkenswertes über Shakespeare enthält der Aufsatz nicht, es müsste denn der seitdem oft wiederholte Satz sein, dass noch Niemand gewagt habe so mannigfaltige und oft verschiedenartige Züge in einem Charakter zu verbinden, denn eine solche Verbindung würde die Einheit und zugleich die Wahrscheinlichkeit der Charaktere bei jedem anderen Dichter zerstören. Aus der Göttinger Zeit stammt auch der Plan zu einem weitläufigen, historischen, ästhetischen und kritischen Kommentar zu Richard II, wovon uns nur ein Bruchstück, eine kurze Charakteristik des Richard, Gaunt, Bolingbroke und Mowbray, erhalten ist. (N. Sch. II.148.) In seiner romantischen Glanzperiode veröffentlichte Tieck, in dem von ihm selbst herausgegebenen « Poetischen Journal » die « Briefe über Shakespeare » (K. Sch. I.133), worin er sich einem Freunde gegenüber gegen den Vorwurf verteidigt, dass er Shakespeare blindlings verehre. und überhaupt die Vorwürfe dieses Freundes gegen den grossen Britten : er sei roh, geschmacklos u. s. w. zu widerlegen sucht. Schon im « Zerbino » (1798) hatte Tieck dergleichen Ansichten über Shakespeare mit vielem Witze verspottet. « Man hält dich », antwortet Zerbino auf Shakespeares Frage wie man von ihm denke, « für einen wilden, erhabenen Geist, der bloss die Natur studirt hat, sich ganz seiner Furie und Begeisterung überlässt und nun darauf los dichtet, was es gibt, gut und schlecht, erhaben und gemein durcheinander. » (Schriften X.297.) I. J. 1800 übersetzte Tieck ein anderes Lustspiel des Ben Jonson : « Epicœne oder das stumme Mädchen. » (Schr. XII.155.) Die Beschäftigung mit Jonson legt Zeugnis ab von Tieck früher Erkenntnis, dass die Erklärung Shakespeares im Zusammenhang mit seiner Zeit zu suchen sei. Auch begann er die Arbeit an einem grossen Werke über Shakespeare, dessen Plan er bereits 1793 gefasst. Die S. 126 u. 136 im zweiten Bande der Nachgelassenen Schriften von Köpke mitgeteilten Entwürfe stammen aus d. J. 1800. Daneben sind uns nur der Plan und zwei Kapitel der Einleitung aufbewahrt, die ebenfalls in den Nachgelassenen Schriften zu lesen sind. Das Werk war auf einer zu breiten Unterlage angelegt, als dass es je hätte können vollendet werden. Tieck, sagt Köpke treffend, « sah in Shakespeare die Welt ; darum erweiterte sich ihm die Geschichte Shakespeares und seiner Werke zur Geschichte der Welt. » (N. Sch. I. XXI.) Das uns Erhaltene vermag keine klare Idee von dem Ganzen wie es Tieck vorschwebte zu geben. Sein ganzes Leben lang hat er immer und immer auf dieses umfangreiche Werk über Shakespeare hingewiesen. I. J. 1811 gab Tieck sein « Altenglisches Theater, oder Supplemente zum Shakespeare » heraus, in zwei Bänden, jeder Band mit einer Vorrede. Darin veröffentlichte er in deutscher Uebersetzung den älteren König Johann und König Lear, den Perikles, den Lokrine, den Flurschütz von Wakefield, den lustigen Teufel von Edmonton, indem er all diese Stücke Shakespeare zuschreibt. In der Vorrede zum ersten Bande (K. Sch. I. 215) setzt Tieck auseinander wie nach dem Verlust des grossen Gemeinlebens des Mittelalters, das Theater fast das einzige Mittel geworden, die Menschen zu einem gemeinsamen Zweck der Lust und Erhebung zu verbinden, wie es jedoch nur den Engländern und Spaniern gelungen sei eine nationale Bühne zu schaffen. Das französische Theater sei sofort ein Hoftheater geworden, die Italiener seien nur in ihren extemporirten Maskenlustspielen national zu nennen, und bei den Deutschen habe es von Anbeginn an einer Gelegenheit gemangelt, ein eigentümliches, nationales Theater zu erschaffen und auszubilden. Er vergleicht das Drama der vier Völker und gibt dem englischen den Vorzug. Er spricht die Hoffnung aus, dass nach Schlegels musterhafter Uebersetzung Shakespeares, der deutsche Genius, angeregt durch das Studium dieser Meisterwerke, endlich ein nationales Theater begründen werde, « das, indem es sich dem grossen Britten anschliesst, eigentümlich wird, ohne dessen Zufälligkeiten nachzuahmen, oder wider in leeren Maniren unterzugehen ». Dazu sei ein gründliches Studium Shakespeares notwendig, und man müsse desshalb zuerst jene Werke kennen lernen, die vor und neben ihm existirten, sowie jene Schauspiele die er selbst in der Jugend dichtete. 1. J. 1817 unternahm Tieck eine Reise nach England um das Vaterland seines geliebten Dichters aus eigener Anschauung kennen zu lernen. In London zog ihn vor allem das Theater und das Museum an, wo er aus Handschriften und seltenen Drucken manches alte Drama abschrieb. Einen Bericht über seinen Aufenthalt in London veröffentlichte Tieck in den dramaturgischen Blättern, unter dem Titel : « Ueber das Englische Theater, zum Teil aus Briefen vom Jahre 1817 ». (K. Sch. IV.315.) Er bespricht darin die Aufführungen englischer Stücke, meistens Shakespearscher, denen er beiwohnte. Der berühmte Schauspieler John Kemble gab damals seine letzten Vorstellungen und Tiecks Auge ist besonders auf seine Darstellungsweise gerichtet. Er berichtet ferner über einige Rollen Kean's, eines nicht weniger gepriesenen Zeitgenossen Kemble's, und vergleicht die Kunst beider Schauspieler. Er stimmt nicht ein in den Enthusiasmus der Engländer über ihre beiden Lieblingsschauspieler. Der Vortrag Kemble's scheint ihm zu langsam, zu monoton, während Kean zu rasch spricht. Der eine ist zu vornehm, der andere nicht würdevoll genug. Kemble verallgemeinert das Individuelle ; Kean hebt es zu sehr hervor. Manche treffliche Winke über die Darstellungsweise Shakespearscher Helden sind in diesem Berichte enthalten. Die englische Schauspielkunst erscheint Tieck als eine widerlich unnatürliche, voll falscher Emphase, singender Deklamation, steifer Haltung ; so dargestellt machten, meint er, die Werke Shakespeares wenig Eindruck. Auch eifert er gegen die barbarischen Verstümmelungen derselben. « Muss einmal Shakespeare verkürzt und auseinander geschnitten werden, so denke der sogenannte Bearbeiter wenigstens wie Brutus vom Cäsar : Lasst Opferer uns sein, nicht Schlächter ; zerlegen lasst uns ihn, ein Mahl für Götter, nicht ihn zerhauen. » Später ging er in dieser Beziehung weiter und verlangte unverkürzte Dar-

stellung oder keine. Tieck findet herrliche Worte zum
Preise der Bühnenkunst, zur Schilderung der tiefen,
unvergesslichen Eindrücke die sie auf die Menschenseele macht, wogegen jeder andere Kunstgenuss schwach
und wie ein Schatten erscheine. Eine Frucht vom Tiecks
Aufenthalt in England war auch die i. J. 1823 erschienene
« Vorschule Shakespeares ». Die langen Vorreden zu
dieser zweibändigen Sammlung von Stücken aus der
Feder von Shakespeares Vorgängern und Zeitgenossen,
charakterisiren nacheinander Greene, Lillo, Edwards,
Lily, Ben Jonson, Heywood, Broome und Rowley. (K.
Sch. IV.240.) Die Sammlung enthält den Pater Baco
von Greene, den anonymen Arden von Feversham, die
Hexen von Heywood, die schöne Emma, den Tyrann von
Massinger, die Geburt des Merlin von Rowley und
Shakespeare. Der dritte Band sollte enthalten : das
schöne Mädchen von Bristol, Niemand und Jemand und
Mucedorus.[1] Tieck kommt das Verdienst zu, zuerst in
Deutschland das vor-shakespearsche englische Drama eingehend studirt zu haben. Wenn die moderne Shakespeare-Kritik auch manche seiner Behauptungen hat
berichtigen müssen, so vergisst sie doch allzuleicht dass
Tieck der Bahnbrecher gewesen ist. Manche Ansichten,
die er zuerst aufstellt über Greene und Rowley z. B.,
sind als bleibende Errungenschaften der literarhistorischen Wissenschaft zu bezeichnen. Die Charakteristiken der verschiedenen englischen Dramatiker sind
übrigens sehr zutreffend ; die moderne Kritik hat wenig
daran geändert. — Die dramaturgischen Blätter Tiecks die
i. J. 1826 zuerst gesammelt erschienen, — vollständig
aber erst i. J. 1852 im 3ten und 4ten Bande der Kritischen
Schriften — enthalten weniger über Shakespeare, als

---

[1]. Diese drei Stücke sind aus Tiecks Nachlass v. J. Bolte herausgegeben worden. Der Mucedorus als besonderes Bändchen in
Berlin bei Gronau, der Niemand und Jemand und das schöne Mädchen von Bristol im Jahrbuch der Deutschen Shakespeare-Gesellschaft. XXIX u. XXXI.

man bei der grossen Vorliebe Tiecks für ihn, erwarten könnte. Er berichtet darin kurz über Aufführungen des Macbeth, Julius Cæsar, Othello, Sommernachtstraum und verweilt nur länger bei Romeo und Julie, Lear und Hamlet. Diese Meisterwerke Shakespeares versetzen ihn in eine trunkene Begeisterung. An Romeo und Julia bewundert er die treue, wahre, lebendige Ausführung aller Charaktere, Verhältnisse und Umgebungen; das gebe diesem Gemälde das Rührende und Hinreissende, das löse auch die Zunge um diese wundervollen Worte über die Liebe auszusprechen. Was nur die Liebe Süsses, Liebliches, Grosses und Tändelndes, Kindliches und Verzweiflungsvolles aussprechen könne, hörten wir von Juliens begeisterten Lippen. Alles was sie sage sei die hinreissendste Sprache des Herzens. Trefflich analysirt Tieck die Natur dieser Liebe, mit einem ironischen Seitenhieb auf Schillers Darstellung der Liebe. « Gibt es eine ganz idealische Liebe, rein und ohne Beimischung des Egoismus, der Sinne oder der Eitelkeit, ohne jene verfinsternde Leidenschaftlichkeit, die freilich den Glanz des Entzückens wieder um so heller anfacht, gibt es eine solche ganz heilige, reine, stille Flamme, die, durchaus göttlicher Natur, von Jedem, der sich ihr nahet und sie wahrnehmen darf unbedingte Verehrung, ja Anbetung fordern muss : diese, wenn sie wirklich ist, ist wol keiner poetischen Darstellung, und am wenigsten der dramatischen fähig. . . . . . Ich weiss es wol, dass die neuesten Zeiten jenes Wunder immerdar haben fassen, dass so viele dichterisch Gestimmte es haben malen wollen, dass gerade so viele der neuesten Dramen nur zu erfüllt davon sind : aber Shakespeare wenigstens würde in die grösste Verlegenheit gekommen sein, wenn man es ihm zur Aufgabe gemacht hätte, eine solche unbedingte Liebe zu schildern. — Der erzählende Dichter muss schon mehr irdischen Stoff, mehr Bedingnisse hinzufügen als der lyrische, obgleich dieser in jenem leerem Raume, den so viele idealisch nennen, auch bald mit ermatteten

Schwingen niederfallen würde ; der Dramatiker muss noch lebendiger, eigentümlicher und überzeugender sein. Wer also diese sogenannten idealischen Liebenden beim Shakespeare sucht, der findet sich getäuscht, er findet nur Romeo und Julia. » (K. Sch. III. 186.) Feinsinnig zergliedert Tieck die Charaktere der Tragödie im Anschluss an die Kritik der Darstellungsweise ; er verteidigt Shakespeare gegen den Vorwurf dass der Schluss nur durch einen geringen Zufall herbeigeführt werde. « Dieser Zufall ist nur scheinbar ; die Tragödie und das Schicksal ruhen in Juliens, vornehmlich in Romeos Charakter. Wäre er ruhiger, vorsichtiger, nicht gleich mit dem Gedanken des Selbstmordes vertraut, so wäre er nicht Romeo : er hätte dann erst geforscht, sich unterrichtet, den Vater besucht, und die Tragödie war unmöglich. Er muss, Julie muss untergehen ; diese Notwendigkeit liegt in ihnen selbst. Und dass mit ihnen diese Liebesblüte so schnell erstirbt, dass ihr ganzes Lebensglück sich in kurze Stunden einer Sommernacht zusammengezogen hat, ist in der Tragödie das tief Rührende ; dies ist die elegische Klage unserer Sterblichkeit, die aus allen Freuden und aus allem Schönen ertönt. Aber noch in keinem Gedicht sind Sehnsucht, Liebe, Wollust, Zärtlichkeit, und Grab, Tod, Verzweiflung mit allen Schreken der Verwesung so nahe verbunden worden, noch nie haben sich diese Gedanken und Gefühle so nachbarlich und so unmittelbar berührt, ohne sich gegenseitig zu vernichten, als in dieser einzigen, wundersamsten Schöpfung. » (S. 188.) In erhabenen, begeisterten Worten preist Tieck auch die Grossartigkeit des « Lear ». « Noch niemals hat die tragische Muse auf so ungeheure, so furchtbare Weise das Schicksal entfaltet und das Leben dargestellt ; es ist wirklich, als sähe man die ganze Welt und alle Kräfte derselben zusammenbrechen, und alle Schönheit, Liebe, Tugend und Leben einer allgemeinen Zertrümmerung, dem alten Chaos entgegeneilen. » (K. Sch. III. 226.) Eine ausführliche kritische

Würdigung des Lear gibt uns Tieck nicht. Er begnügt sich den Charakter des Helden zu analysiren und zu untersuchen wie derselbe dargestellt werden müsse. Vom « Hamlet » sagt er u. a. dies Werk habe sowol jener Zeit wie der unserigen ein Auge oder einen Sinn mehr gegeben. Denn so tiefsinnig, vielseitig sei die Menschheit bis dahin noch nie aufgefasst worden ; « so keck, lustig bis zum Verzweifeln und tragisch bis zum einfachen Kindertone hinab, waren die Geheimnisse des Herzens noch nie ausgeplaudert worden. » (III. 291.) Manche originelle, scharfsinnige Bemerkung enthält seine Erklärung des Hamlet-Monologs, sowie seine sehr eingehende Charakteristik des Königs, des Polonius, des Laertes und der Ophelia, die in vollständigem Gegensatz zu der seiner Zeit und noch vielfach heute geltenden Auffassung gehalten sind. Von der Sucht geleitet die in der Regel auf der Bühne vernachlässigten Charaktere hervorzuheben, ging er so weit den Charakter des Königs an Bedeutung über den des Hamlet zu stellen. Solche ganz vereinzelt vorkommenden Uebertreibungen, sucht die moderne Kritik gierig hervor, wirft sie Tieck höhnisch vor, und bildet darnach den Maasstab für seine Beurteilung. — Fast zugleicherzeit mit den dramaturgischen Blättern gab Tieck die zwei ersten Bände der Schlegelschen Shakespeareübersetzung heraus, wodurch erst Shakespeares Werke Gemeingut des deutschen Volkes geworden sind. Tieck gebührt das Verdienst die Uebersetzung Shakespeares nicht nur angeregt, sondern auch zum Abschluss gebracht zu haben, wenn er auch die Uebertragung der von Schlegel übergangenen Stücke nicht selbst besorgte. In den Korrekturen die er in der Schlegelschen Uebersetzung anbrachte, sowie in den ausschliesslich von ihm herrührenden Anmerkungen und Erläuterungen ist er allerdings nicht immer glücklich gewesen, wie Delius zur Genüge dargelegt hat. Zu bedenken ist aber, dass Tieck sich zuerst in Deutschland mit der Textkritik Shakespeares befasst hat, und unstreitig « an gründlichem

Quellenstudium und kritischer Einsicht die englischen Erläuterer weit übertroffen hat.» (Gottschall). Einseitig ist es jedenfalls, wie Delius thut, die philologische Befähigung oder Schwäche des Kritikers als alleinigen Maassstab aufzustellen, für dasjenige was er für das Verständnis des Dichters leistet. — Seine Beschäftigung mit Shakespeare beschloss Tieck wie er dieselbe begonnen hatte, d. h. mit einer poetischen Verherrlichung seines geliebten Dichters in der Novelle « Dichterleben » (1829). Im « Phantasus » hatte er ihn schon durch Lothars Trinkspruch rühmend hervorgehoben, und ihn im « Zerbino » in den Garten der Poesie, in die Zahl der «heil'gen Vier» aufgenommen, neben Goethe, Cervantes und Dante. In der Novelle « Das Fest zu Kenelworth » (1828), die er als Prolog zum Dichterleben schrieb, schildert er die Kindheit des Dichters. Manches was Tieck im Buche über Shakespeare kritisch auseinandersetzen wollte, hat er im « Dichterleben », besonders in den Gesprächen zwischen Greene, Marlowe und Shakespeare poetisch dargelegt. Das Grundmotiv der Novelle ist zu zeigen wie der aufgehende Stern Shakespeares alle seine Vorgänger und Zeitgenossen verdunkelte. Wer jedoch in dieser Novelle eine Schilderung des ganzen Entwickelungsganges Shakespeares sucht, findet sich sehr getäuscht. Tieck bricht in der Mitte ab, und verwickelt sich in ganz unbedeutende Nebensächlichkeiten. Greene und Marlowe charakterisirt er ausführlicher und feiner als Shakespeare. Die ganz romantische Auffassung Shakespeares, die uns hier, im Gegensatz zu der realistischen des Kritikers, entgegentritt, ist das Bemerkenswerteste am « Dichterleben ».

Die gegen die romantische Shakespearekritik erhobene Anklage, sie habe Shakespeare als eine von den allgemeinen Bedingungen geistiger Entwickelung und Ausbildung losgerissene Wundererscheinung betrachtet, trifft nicht zu auf die Tiecksche Shakespearekritik. Man hat überhaupt Tieck alle Irrtümer aufgebürdet, die nicht er, sondern die anderen Aesthetiker der romantischen

Schule begangen haben, und das ist auch ein Grund seiner Verkennung. Tieck, wie alle Romantiker, stand Shakespeare gegenüber auf dem Standpunkte einer fast unbedingten Verehrung. Er war jedoch weit entfernt, ihn als eine anormale, d. h. von allen natürlichen Gesetzen und Vorbedingungen losgelöste Erscheinung, zu betrachten. Im Gegenteil hat er allein und zuerst versucht den organischen Zusammenhang von Shakespeares poetischer Individualität in sich selbst, sowol als mit seinen Zeitgenossen zu verfolgen. In der Inhalts-Uebersicht des geplanten Buches über Shakespeare, sagt er, sein Werk sei der erste Versuch « den Dichter nicht mehr als eine isolirte Erscheinung zu betrachten, sondern ihn aus seiner Zeit und Umgebung abzuleiten, hauptsächtlich ihn aber aus seinem eigenen Gemüt zu entwickeln ». (N. Sch. II. 148). Und in einem Briefe vom 27ten April 1818 schreibt er an Solger : « Shakespeare ist nur der Mittelpunkt des englischen Theaters und der neuen Kunst ; kennt man nicht genau. was vor ihm war, so bleibt er ein Rätsel, und man schreibt ihm am leichtesten das zu, was er mit Allen gemeint hat ; seine Zeit und Nachwelt muss man auch studiren, um erst vollständig überzeugt zu sein, wie er uns der Schlüssel unserer Welt und aller unserer Zustände ist ». (Briefwechsel I.623.) Er spricht diesen Gedanken in seinen kritischen Schriften sehr oft aus, und liessen sich dergleichen Anführungen häufen. Die Herausgabe des altenglischen Theaters und der Vorschule Shakespeares, die Uebersetzungen des Jonson und das « Dichterleben » legen übrigens Zeugnis dafür ab, wie sehr er die Notwendigkeit erkannte « jene Werke kennen zu lernen, die vor und neben Shakespeare existirten und den Sinn der Nation erregten » (K.Sch.1.226), « den innerlichen geschichtlichen Zusammenhang » (I.233) zu fassen. Nur verführte Tieck sein Streben « Shakespeare gleichsam in der Wiege zu belauschen » dazu, die Aechtheit von zweifelhaften Stücken zu behaupten, die heute als unecht anerkannt sind wie Locrine, Sir John

Oldcastle, The troublesome Reign of King John, Arden von Feversham, Cromwell.

Man kann der romantischen, insbesondere Tieckschen Shakespearekritik das Verdienst nicht absprechen, die damals noch herrschenden, bekannten Vorurteile gegen den grossen Dichter auf immer vernichtet, zuerst eine *bewusste* Schätzung desselben herbeigeführt zu haben. Lessing hatte Shakespeare nur als Schild gegen die französische Tragödie erhoben, das überschwengliche Lob Herders, Goethes, sowie der Stürmer-und Dränger war dunkler Jugendenthusiasmus. Gründlich studirt ist Shakespeare erst von Tieck worden. Mit dem Studium der Sprache und der Bühne Shakespeares, hat Tieck den Anfang gemacht. Die vorshakespearsche englische Dramatik und Bühne war vor Tieck fast ganz unbekannt. Er hat hundert Einzelheiten in Shakespeare aufgehellt, manche Schönheiten entdeckt, manche Aussetzungen, besonders durch den Hinweis auf die damalige Einrichtung der Bühne, auf immer beseitigt. Er hat allen den so mannigfaltigen Wegen, welche die moderne Shakespearekritik eingeschlagen, mag sie rein philologisch oder rein philosophisch, rein dramaturgisch, rein ästhetisch oder rein literarhistorisch sein, die Bahn gebrochen. Die von Coleridge begründete neue Richtung in der englischen Shakespearekritik fasst auf seinen und W. Schlegels Arbeiten. Er hat Goethe, der in seinem Alter die unglaublichsten Ansichten über Shakespeare äusserte, zu besserer Einsicht gebracht. Hatte Goethe in « Shakespeare und kein Ende », den Dramen Shakespeares den Charakter echter Bühnenstücke abgesprochen, heftig gegen die unverkürzten Aufführungen « und wenn Schauspieler und Zuschauer daran erwürgen sollten » polemisirt, ja die Verdrängung Shakespeares von der deutschen Bühne geradezu als eine Wolthat bezeichnet, so findet er, nach Erscheinen der dramaturgischen Blätter, Tiecks Bestreben Shakespeare « ohne Modification von Anfang bis zu Ende » auf die Bühne zu bringen.

seinen Eifer für die « Einheit, Unteilbarkeit, Unantastbarkeit Shakespeares » sehr lobenswert. Er drückt dies in einer Beurteilung der dramaturgischen Blätter aus, und gesteht seinen vorherigen Irrtum ein. Die Weimarer Bühne hat unter Goethes Leitung fast nichts für Shakespeare gethan, während Tieck 120 Shakespeare-Aufführungen in Dresden veranstaltete. Vor ihm waren in Dresden nur Hamlet und Macbeth in Schillers Bearbeitung gegeben worden. Dem grössten Teile des Dresdener Publikums galt, wie uns Prœlss in seiner Geschichte des Dresdener Theaters mitteilt, Shakespeare noch als ein halber Wilder. Tieck hat einen vollständigen Umschwung zu Gunsten Shakespeares in Dresden hervorgebracht und auch durch seine sehr besuchten häuslichen Vorlesungen für sein Verständnis in den weitesten Kreisen gewirkt.

Die unbedingte Verehrung Shakespeares von Seiten der Romantiker war eine Restauration des Shakespeareenthusiasmus der Stürmer und Dränger, befreit jedoch von aller Nebelhaftigkeit, Hohlheit und Banalität der jungen Genies. Diese hingebende Bewunderung war erstens eine notwendige Reaktion gegen kindische Scheu und Verachtung und zweitens eine unentbehrliche Uebergangsstufe zu einer wahrhaft kritischen Beurteilung. Mit Unrecht hat man jedoch Tieck vorgeworfen er sei so weit gegangen jede Zeile, die Shakespeare geschrieben für gut und unantastbar zu erklären. Ohne jedweden Tadel lässt er Shakespeare nicht ausgehen. Er will die oft gemachte Schlussfolgerung : — Shakespeare konnte nichts Schlechtes schreiben, dies und jenes was aus seiner Feder sein soll, ist schlecht, folglich nicht von ihm, — nicht gelten lassen. Er rügt die epische Breite der englischen Historien, und hat im einzelnen Manches an den Heinrichen, an Cymbeline, an Macbeth auszusetzen. (K. Sch. I.X-XI.67.233. IV.318. Köpke II. 215. N. Sch. II.147.)

Tiecks Shakespeare-Auffassung ist mit derjenigen der Schlegel und der romantischen Schule überhaupt ziemlich übereinstimmend. Völlig abweichend ist hingegen sein Urteil über *Calderon*. Der romantischen Kritik wird mit Recht die Ueberschätzung Calderons vorgeworfen. Dieser Vorwurf muss, was Tieck betrifft, entschieden zurückgewiesen werden. A. W. Schlegels Besprechung Calderons in den Vorlesungen über dramatische Kunst und Literatur ist ausschliesslich lobend. Noch weiter geht er in einem Aufsatze der Zeitschrift Europa: (I. 2. 72ff.) « Ueber das spanische Theater ». Dort schreibt er u. a. dass es, bei dem fast unübersehbaren Ueberflusse von Calderons grössern und kleinern Stücken, unglaublich scheinen werde, dass sich darunter nichts aufs geratewol Hingeworfene befinde, sondern Alles nach sichern, consequenten Maximen mit den tiefsten künstlerischen Absichten in vollkommener Meisterschaft ausgearbeitet sei, so dass auch nicht eine verwahrloste Zeile aus seiner Feder geflossen. Was in Calderons Kunst anfänglich als Manier erscheinen könne, bewähre sich bei näherer Bekanntschaft mit dem Dichter als « der reinste und potenzirteste Stil des Romantisch-theatralischen. » Auch Friedr. Schlegel sah in Calderon den grössten Dramatiker aller Zeiten und Völker. In seiner « Geschichte der alten und neuen Literatur », bezeichnet er Calderon als den romantischsten aller Dichter, als den grossen, göttlichen Dichter und Meister, der als ein unerreichbares Vorbild aus strahlender Ferne vorleuchte. Calderon stehe den Deutschen « als das höchste Ziel der romantisch-lyrischen Schönheit und einer christlich verklärten Phantasie, für die Anwendung, fast näher als Shakespeare ». Während Tieck auf *Shakespeare*, als den unfehlbaren Anhalt für die Entwickelung des deutschen Dramas hinwies, stellten die Schlegel *Calderon* als Vorbild und Muster auf.

Bedeutenden Einfluss gewann Calderon durch Schlegels Uebersetzung auf das deutsche Drama. Diesen Einfluss stellt Tieck als einen verderblichen hin. Bald, schreibt er, « war, ohne nähere Kritik, Calderon der Lieblingsdichter unserer Nation geworden. Das Zufällige, Fremdartige, Conventionnelle, das seine Zeit ihm auferlegte, oder das er zur Künstlichkeit erhob, wurde dem Wesentlichen, Grossdramatischen in seinen Arbeiten nicht nur gleich gestellt, sondern oft dem wahren Dichterischen vorgezogen. Man vergass auf lange, was man vor kurzem noch an Deutschen wie Engländern bewundert hatte, und so ungleich beide Dichter auch sein mögen, hielt man Calderon und Shakespeare doch wol für Zwillingsbrüder, und Andere, noch mehr Begeisterte, meinten, Calderon fange da an zu sprechen, wo Shakespeare aufhöre, oder führe jene schwierigen Aufgaben auf grosse Art durch, denen sich der kältere Nordländer nicht gewachsen fühle ; selbst Goethe, ja sogar Schiller traten in jener Zeit den Trunkenen in einen dunklen Hintergrund zurück, jenen Berauschten, die wirklich und im Ernst glaubten, das wahre Heil für die Poesie könne uns nur von den Spaniern, und namentlich von Calderon kommen. » (K.Sch.IV.213.) Durch die Nachahmung Calderons, sagt Tieck an anderer Stelle, war das deutsche Drama auf einem Umwege zu weit schlimmern Gallicismen zurückgekehrt, als die waren, von denen Lessing so glücklich die deutsche Bühne reinigte. « Denn die verstärkten Gallicismen des Schwulstes, der Unnatur, des Unmöglichen und Unmotivirten, der steifen Convention und Grausamkeit ist es doch, was eine halbe und Viertels-Gelehrsamkeit den Spaniern abgesehn hat. » (II.248.)

Die Folgen dieser Verirrung zeigt nun Tieck an Zacharias Werner und an der Schicksalstragödie überhaupt, die durch Calderon eine mächtige Förderung erfahren. Es ist zu bedauern dass Tieck diese ganz treffende Bemerkung nicht weiter ausgeführt hat. Die rasche Blüte und grosse Beliebtheit der Schicksalstragödie erklärt sich nur durch die gleichzeitige Calderonverehrung. Calderon hat auf Form und Inhalt der Schicksalstragödie den bestimmtesten Einfluss ausgeübt. Das Calderonsche Drama ist ja wesentlich Schicksalsdrama. Die Tragik Calderons ist mehr eine Tragik der äusseren Verhältnisse, als der menschlichen Leidenschaft. Das Hauptgewicht liegt in der Handlung, nicht in den Charakteren ; diese sind Typen, oft blosse Allegorien. Die Gottheit bestimmt durch Offenbarungen und Wunder das menschliche Thun ; und thut sie es selbst nicht, so entscheidet der spanische Ehrbegriff, oder irgend welche Formel der spanischen Etikette. Das Calderonsche Drama entsprach vollkommen dem Idealbilde einer Tragödie, wie es den Schlegeln vorschwebte, und wovon sie in ihren eigenen dramatischen Versuchen so erbärmliche Experimente geliefert haben. Bei Calderon fanden sie, um mit ihren eigenen Worten zu reden, « einen reinen, hohen, idealen Stil, kühne Flüge der Poesie bis an die äusserste Grenze des Ersinnlichen, bedeutend hervortretende Allegorie, lichtglänzende Symbolik, lyrische Schönheit und Entfaltung, blumenreiche Bilderfülle », und sie hätten auch das moderne Drama gerne mit all' diesen hübschen Sachen ausstaffirt. Der « Alarkos » von Fr. Schlegel, diese ungeniessliche Verquickung des antiken und spanischen Dramas, sollte als Muster dienen.

Wie grundverschieden waren die Ansprüche die Tieck an das Drama der Zukunft stellte. Er führt in einem geistreichen Vergleiche zwischen dem englischen und spanischen Theater aus, wie bei Calderon von der, das englische Drama der Blütezeit kennzeichnenden individuellen Zeichnung der Charaktere, richtigen Motivirung, dem notwendigen Fortschreiten der Handlung, dem grossartigen Verstande, der Weisheit des Plans, keine Rede sein könne. Er wirft Calderon u. a. seinen « poetischen Allegorismus » vor, der alles Leben, statt demselben eine klare, richtige Bedeutung zu geben, in Vision und Traum auflöse. Die Aufgabe, welche sich diese religiös-mystische oder allegorische

Poesie gesetzt habe, löse sich oft durch phantastische Erhabenheit, erzeuge aber eben so oft das wahrhaft Abgeschmackte und Läppische, und besonders bei Calderon vermische und durchdringe sich beides innigst. (K. Sch. IV.183.) Tieck kann sich nicht befreunden mit dieser künstlichen Dialektik, dieser feststehenden Convention, diesen mitunter kalten, schwülstigen Prachtstücken. Die künstlich gebildete Galanterie und Ehre, Hofsitte und Hofgesinnung trete zuweilen der Natur scharf und verletzend entgegen. Ein vorübergehendes Vorurteil bezwinge sehr oft die Wahrheit und die ächte Poesie. (K.Sch.II.195. IV.18.)

Der Dichter Tieck hat selbst zur Zeit seiner höchsten romantischen Blüte im Banne Calderons gestanden, und den nachteiligen Einfluss Calderons auf das deutsche Drama kann man nirgendwo besser als an seinen grossen romantischen Dramen erläutern. Er sagt selbst im Vorberichte zu seinen Schriften (I. XXXVIII.) dass er « von Calderon für die allegorische Poesie begeistert », im Octavian versucht habe seine Ansicht der romantischen Poesie allegorisch, lyrisch und dramatisch niederzulegen ; auch den Einfluss Calderons auf die Genoveva gesteht er ein. (S. XXIX.) Den Schlegeln, die eine Neubelebung des deutschen Dramas lieber von Calderon als von Shakespeare hätten ausgehen sehen, antwortete er Shakespeare sei unser nächster Blutsfreund, Calderon nur Vetter à la mode de Bretagne. (II.249.) Bemerkenswert ist auch dass er Calderon im Dichtergarten des « Zerbino » nicht auftreten lässt.

Die Thatsache dass die *Schicksalstragödie* aus Calderon so unselige Nahrung sog, hat wol viel zur Abneigung Tiecks gegen ihn beigetragen. Die Schicksalstragödie ist dem Kritiker Tieck ein Greuel, während der Dichter, wie bereits bemerkt, diese Gattung durch den «Abschied» vorbereitet und durch den « Karl von Berneck » thatsächlich in die deutsche Literatur eingeführt hat. Er gesteht dies selbst im Vorbericht zum elften Bande seiner Schriften (S. XXXVIII) : « Schon in der kleinen, bürgerlichen Tragödie « der Abschied », war an ein Bild, Messer, selbst an einen Apfel etwas Verhängnissvolles geknüpft, was durch die Erfüllung der Vorahndung zum Orakel-mässigen erhoben, eine tragische Wirkung hervorbringen sollte. Im Karl von Berneck ist (so viel ich weiss) damals in Deutschland der erste Versuch gemacht worden, das Schicksal auf diese Weise einzuführen. Ein Geist, welcher durch die Erfüllung eines seltsamen Orakels erlöst werden soll, eine alte Schuld des Hauses, die durch ein neues Verbrechen, welches am Schluss des Stückes als Liebe und Unschuld auftritt, gereinigt werden muss, eine Jungfrau, deren zartes Herz auch dem Mörder vergibt, das Gespenst einer unversöhnlichen Mutter, alles in Liebe und Hass, bis auf ein Schwerdt selbst, das schon zu einem Verbrechen gebraucht wurde, muss, ohne dass es geändert werden kann, ohne dass die handelnden Personen es wissen, einer höhern Absicht dienen. Wie sehr dieses Schicksal von jenem der griechischen Tragödie verschieden war, sah ich auch damals schon ein, ich wollte aber vorsätzlich das Gespenstische an die Stelle des Geistigen unterschieben. In wiefern die Spanier zuweilen eine ähnliche Aufgabe gelöst haben, konnte ich nicht wissen, weil ich die spanischen Dramen damals nur wenig kannte. . . . . . Seitdem ist von mehr als einem ausgezeichnetem Talent dieses sogenannte Schicksal in den schwärzesten Farben ausgemalt und für Verbrecher der schlimmsten Art, die kaum einen guten Gedanken haben, Antrieb, Ausrede und Strafe geworden. Diese Tragödien haben bei uns ihre Epoche gehabt. » Die Schicksalstragödie ist ein Kind der Romantik; sie beruht nämlich auf der von der romantischen Schule grossgezogenen dämonisch - fatalistischen Naturanschauung, die in Tiecks Jugenddramen und Romanen (Abdallah, Lovell) stärker als irgendwo anders hervortritt.

Eine der beliebtesten Schicksalstragödien war « Der Leuchtturm » von *Houwald*.[1] Meisterhaft als ironisch-vernichtende Kritik ist Tiecks Besprechung des Stückes in den dramaturgischen Blättern. Dort heisst es u. a. über das Schicksalsdrama im allgemeinen : « Man ist von der gemeinen Prosa des Lebens scheinbar so sehr zurückgekommen, dass man die peinlichen Arbeiten eines Iffland fast zu sehr heruntersetzt. Und dennoch scheint man das Quälende, die Armseligkeiten des Lebens, das Kleinliche in den Motiven, kurz alles Tadelnswürdige auch in diese neue Manier hinübergenommen zu haben. Nun vereinigt man dieses Kleinleben mit dem Atrocen (ich weiss nicht gleich den passenden deutschen Ausdruck), was mir noch viel schlimmer dünkt, als diese Iffland'sche Manier. Statt der Schulden und Geldnot, ein Verbrechen, Entführung, Ehebruch, Mord und Blut ; statt des Onkels, strengen Vaters, wunderlichen Alten oder Generals, den Himmel selbst, der aber noch viel eigensinniger ist, als jene Familien-Charaktere, und obenein grausam, weil er keine andere Entwickelung kennt als « Todesangst und Begräbnis »." (K. Sch. III. 123.) Noch schonungsloser heisst es an anderer Stelle : « Bedarf es wirklich einer tiefgehenden Kritik um einzusehen, dass das Grausamste in diesem Gedicht, (Schillers Räuber), das Wildeste und völlig Ueberspannte nicht dennoch Milde, Humanität, Wahrheit und Natur sei, gegen eine « Schuld », « Ahnfrau », « Albaneserin », « Isidor und Olga », gehalten und gemessen ? Wir stehen in diesen Produktionen, die sich fast eines allgemeinen Beifalls erfreut haben, auf einem so sonderbaren Punkt roher Barbarei, dass sich in früheren Zeiten kaum etwas Aehnliches, selbst in Paris, während der Revolution, auf dem Theater wenig-

---

[1]. Derselbe Houwald, der roheste aller Schicksalsdramatiker, verspottete sehr launig die Idee des Schicksals in seinem dramatischen Schwank : « Seinem Schicksal kann Niemand entgehen. » (1818).

stens nicht, gemeldet hat. Und um so schlimmer, weil es mit einer falschen Sentimentalität, weichlichen Empfindsamkeit und idealischen Liebe, (wie diese Dichter meinen) verbunden ist. Es gemahnt den Unbefangenen, als wollte man, um den Freund oder die Geliebte kennen zu lernen, sie anatomiren, oder als gäbe sich das Skalpiren nur für ein etwas gründlicheres Herumtasten nach den Gall'schen Schädelorganen aus. So völlig ist aus jenen bezeichneten Gedichten die unerlässliche poetische Scham und Scheu entwichen, die den Menschen zum Menschen macht und das Gute und Edle in ihm bindet........ Möchte man nicht fast glauben, diese Spektakel seien für ein Nationaltheater der Caraiben, oder von Leibeigenen selbst im wildesten Hass gegen ihre Herren gedichtet worden ? » (K. Sch. IV. 144-145). — Trefflich auch ist Tiecks Kritik der Sprache der Schicksalsdramatiker. Ihre gewöhnliche Versform war der dem Calderon entlehnte vierfüssige Trochäus. Auch die blumenreiche Diktion Calderons suchten sie nachzuahmen und verfielen in's Abgeschmackt-pathetische. « Gleichnisse, Schilderungen, Naturbeschreibungen werden jedem der Charaktere, bei jeder Gelegenheit, ohne Unterschied in den Mund gelegt. Sehr oft ist es nichts als eine schwülstige Umschreibung und Umgebung der gewöhnlichsten Gedanken. Man könnte auf diese Weise jedes ältere prosaische Stück in dergleichen neue Poesie übersetzen. Ich sehe wirklich, dass oft Zuhörer von diesen Einzelheiten hingerissen sind ; ich habe mich von früher Jugend so daran gewöhnt, von einem Drama ein zusammenhängendes Ganze zu erwarten, dass es mir erst, wenn ich aufmerksam darauf gemacht worden, bei den vortrefflichen, die ich auswendig weiss, bemerklich wird, diese oder jene Stelle sei, auch aus dem Zusammenhang gerissen, schön. Meinen sie denn nicht überhaupt, es sei weit schwerer, in einer schlichten, trefflichen Prosa ein Schauspiel zu schreiben, in welchem jede Person ihrem Charakter gemäss spricht, als einen Dialog in der neuen, schwärmerisch phantasirenden Manier zu dichten, in welcher in demselben Sylbenfall, in der gleichen Strömung monotoner Redensarten alle Charaktere und alles Individuelle sich auslöschen ? vorzüglich in diesen trochäischen Versen, die seit einiger Zeit bei den Dichtern so beliebt sind. » (III. 120-121.) Wie genau passt dies Alles auf Tiecks eigene dramatische Diktion.[1]

Ebensowenig wie Tiecks Urteil über das spanische Drama, stimmt seine Ansicht über die *italienische Bühne* mit der der Schlegel überein. Bekannt ist die grosse Vorliebe der Schlegel für *Guarini*. Friedrich stellte ihn im Lyceum (I.2.111) als Dramatiker neben Shakespeare. Im « Gespräch über die Poesie » nennt er den Pastor fido das grösste dramatische Kunstwerk der Italiener, ein Werk worin der romantische Geist und die klassische Bildung zur schönsten Harmonie verschmolzen seien. Ueberschwengliches Lob spendet er Guarini auch im Aufsatz über Boccacio. (Charakteristiken und Kritiken II. 392 f.) Sehr anerkennend ist auch seine Beurteilung des italienischen Dramas in der Geschichte der alten und neuen Literatur. (Werke II. 205), obschon es an einer anderen Stelle (S. 103), wo wiederum der Pastor fido sehr gelobt wird, heisst, das Theater sei nicht der glänzende Teil der älteren italienischen Literatur. Desgleichen sah A. Wilhelm in Guarini « den ersten grossen Verbinder des Antiken und Modernen ». (Charakteristiken und Kritiken II. 15.) In den Vorlesungen über dramatische Kunst und Literatur, wo er ein viel besonneres Urteil

---

1. « Wenn man, » schreibt Gervinus (V. 764), « die Polemik Tiecks gegen die Fatalistiker und ihre jetzt schon vergessenen Stücke liest, so begreift man die Wichtigkeit kaum, mit der diese Machwerke besprochen wurden ; wohl begreift sie, wer es noch erlebt hat, mit welchem Jubel man diese Irrlichter als Wundermeteore begrüsste, wie die grössten Künstler den Yngurd, die Sappho und Medea mit allem Kunstaufwand emporhoben, wie um Müllner's Dichtergrösse ein tumultuarischer Lärm über ganz Deutschland ging. »

über die italienische Bühne im allgemeinen äussert, begegnen wir jedoch derselben Begeisterung für Guarini, der wiederum der Verschmelzer moderner und antiker Eigentümlichkeit genannt und dessen Pastor fido als eine « unnachahmliche Hervorbringung » gepriesen wird. Tieck beschliesst mit folgenden Worten eine längere Besprechung des Dramas der Italiener. « Von einem Volke, das keinen Dichter nennen kann, der auf lange hinaus die Theater beherrscht, das jedem Modegeschmack weicht, dem fremden wie einheimischen, das kein einziges wahres und grosses dramatisches Meisterwerk aufzuweisen hat, kann man wol, ohne unbillig zu sein, behaupten, es habe kein Theater, und zwar deswegen, weil es ihm wahrscheinlich an dramatischem Sinn mangelt. » (K. Sch. IV. 194.) — Ich glaube zur Genüge dargethan zu haben dass Tieck völlig von dem Vorwurf freizusprechen ist, die südromanischen Dichter mit einem unverdienten Glorienschein umgeben zu haben.

Das Urteil der Romantiker über die *französische Tragödie* ist ziemlich übereinstimmend. Nur ist Tieck in seiner Verurteilung derselben, viel schärfer als die Schlegel. Die französische Tragödie ist nach Tieck eine künstliche, rhetorische Darstellung, in der die Leidenschaften wie Charaktere sich einer vollen, angeschwollenen Rede fügen müssen und sich conventionell über Liebe Ruhm, Patriotismus, Rache, oder was es nur sei, vernehmen lassen. Natur und Wahrheit ist den Franzosen ebenso fremd und unverständlich wie den Spaniern, mit welchen sie den Hang zum Schwülstigen und Ueberladenen teilen ; diese Unnatürlichkeiten verbergen sich aber in der Künstlichkeit einer feineren und eleganteren Redekunst. Die ganze Handlung wird unter diesen oratorischen Gesichtspunkt gezogen und muss, sich nach Stunde und beschränktem Raum bequemen. Ueberflüssige Vertrauten, unpassende Liebesintriguen und Galanterie stören den Franzosen nicht, ebenso wenig wie die Lückenbüsser, die auch bei der reichsten Handlung die leeren Stellen ausfüllen müssen, die sich immer melden, weil eben die Handlung selbst nicht als solche, sondern nur als eine, die besprochen wird, gelten soll. Die Franzosen entfernen alles Naheliegende, wie alle Wirklichkeit ; ferne Zeiten müssen ihnen die Materialien liefern ; es ist sogar ein Gesetz der Kritik bei ihnen geworden, die tragische Handlung müsse in der Vorzeit liegen und der Ort derselben ein möglichst entfernter sein. Das Allgemeine, Unbestimmte nur ist für sie das Poetische, und die Deklamation muss die allgemeinen Begriffe und die aller individuellen Wahrheit entkleideten Gefühle in schöntönende Reden auflösen. Ermüdende Einförmigkeit kennzeichnet alle diese Kompositionen. Die Römer und Griechen, denen die Franzosen die Stoffe entnehmen, müssen sich ein Drangsal der Liebe, die oft seltsam genug dem Hauptgegenstande widerspricht, gefallen lassen, eine französische Hofgalanterie der Gesinnung, von der die Alten weder im Scherz noch im Ernst ein Wort verstanden hätten. Fügt man sich aber den festgestellten Bedingungen dieser rhetorischen Kunstwelt, so ist bei den anerkannten Dichtern, so grausam, selbst unmenschlich oft die Gesinnung und der Kern der Tragödie sein mögen, Vers, Sprache, Ausdruck gebildet und glänzend und wird die Scene so deklamirt, wie es die Kunst fordert, das heisst gemildert und der Natur wieder näher gebracht, so kann auch der Deutsche hingerissen und geblendet werden. Dass trotzdem die französiche Tragödie keine echte Tragödie sei, haben alle französischen Kritiker, ja die vorzüglichsten Dichter selbst eingesehen und in künstlichen Wendungen oder offen eingestanden und bekannt. (Kr. Sch. I. 223. II. 196. 202. III. 32. 68. 159. IV. 18. 39. 68. 186 ff. 361 ; N. Sch. II. 128.)

Im Urteil über das *französische Lustspiel,* weicht Tieck von A. W. Schlegel ab. In Schlegels Geringschätzung Molière's, die oft genug der ganzen romantischen Schule zur Last gelegt worden, scheint Tieck in der romantischen Periode seiner kritischen Thätigkeit eingestimmt zu haben, wie aus einer Stelle der « Briefe über Shakespeare » hervorgeht. (K. Sch. I.168.) Später, im Aufsatz über das deutsche Drama (1827) spricht er sich jedoch sehr anerkennend über Molière und das französische Lustspiel aus. (IV.188-189. S. auch III.214.)

Eindringlich und unablässig warnt Tieck die deutsche Bühne vor der Gefahr der *Französirung.* Nach der grossen Befreiungsthat Lessings, kam durch Iffland und Kotzebue eine Annäherung an die französische Manier wieder in Deutschland auf. In den zwanziger und dreissiger Jahren geriet das deutsche Theater in Gefahr von seichten französischen Bühnenstückchen vollständig erstickt zu werden. Energischen Protest erhob Tieck gegen diese Ueberschwemmung der deutschen Bühne durch Uebersetzungen und Nachahmungen elender französischer Fabrikarbeit, in einem Aufsatz der dramaturgischen Blätter : « Ueber die neueren französischen Stücke auf dem deutschen Theater » (K.Sch.IV.132-142), der noch für den heutigen Zustand der deutschen Bühne manches Beherzigenswerte enthält. Als die deutsche Bühne sich um die Mitte des vorigen Jahrhunderts entwickelte, sei der erste Schritt ihres Bewusstseins zum Besseren gewesen, sich von dem französischen Theater frei zu machen, um ein originales, deutsches zu finden. Es seien die *Meisterwerke* der französischen Bühne gewesen, gegen welche damals der Kampf mit Glück ausgefochten wurde. Es sei selbst zu bedauern dass man in diesem Reinigungsprocesse zu weit gegangen ; die Verdrängung Molière's z. B. von der deutschen Bühne sei kein Vor- sondern ein Rückschritt. Eine viel gefähr-

lichere Invasion als die erste bedrohe aber nun das
deutsche Theater. Nachdem Kotzebue kein Bedenken
getragen, die Theater aller Nationen, so weit nur seine
Unwissenheit reichte, zu plündern und das Geistreiche
und Edle in sein Gegenteil zu entstellen, griffen die
Deutschen hastig und ohne Wahl zu der erbärmlichsten
französischen Dutzendwaare. Diese elenden Melodramen
mit Mord und Totschlag, Bösewichten und Galeeren-
sklaven, diese groben Narrenpossen und Henkerspässe
würden nun, mit Empfindsamkeit durchtränkt, dem
deutschen Publikum als Theaterstücke vorgesetzt. In
Frankreich seien all' diese Stücke auf die vielen kleinen
Bühnen der Vorstädte eingeschränkt, der vornehme,
gebildete Franzose bilde sich nicht ein im Theater gewesen zu sein, wenn er in irgend einer Vorstadtbude so
ein Stück gesehen, er zucke die Schultern und bedaure
die Bourgeoisie, für die so etwas geschrieben. Die
Deutschen aber seien gut genug sich dies Alles in schlechten
Uebersetzungen vorspielen zu lassen, ohne dass ihnen die
Armut durch Lokalbeziehungen oder durch witzige An-
spielungen gewürzt würde und ohne diesen matten
Produkten in einem besseren Theater ausweichen zu
können. Das Publikum werde durch die Darbietung
solcher Kost langsamerhand entwöhnt einem grösseren,
kunstreicheren Werke mit der nötigen Aufmerksamkeit
zu folgen und die Schauspieler verlören durch diese
gehaltlosen Spässe ihre Sicherheit immer mehr. —
Ergötzlich berichtet dann ferner Tieck von den Unfällen
die den deutschen Bearbeitern dieser Stücke begegnet.

Dem Kosmopolitismus der Klassiker und Romantiker
gegenüber, hat Tieck stets betont *die Poesie müsse eine
nationale sein*. « Die historische Tragödie » schreibt er
im Aufsatz über den Wallenstein, « kann keinen edlern
und poetischern Anhalt finden, als das eigene Vaterland.
Die Liebe zu ihm, die Begeisterung für dieses, die grossen

Männer, die es erzeugt, die Not, die es erlebt hat, die glänzenden Perioden, durch welche es verklärt ist, alle diese Töne werden in jeder Brust um so voller wiederklingen. Das poetische Auge des Dichters, dem sich die Geschichte seines Landes eröffnet, sieht und errät auch, wie alte Zeiten in der seinigen sich abspiegeln, wie das Beste seiner Tage nur durch edlen Kampf oder Drangsal der Vorzeit möglich wurde, und indem der Sänger Alles mit dem ächten Sinn des Menschlichen umfasst, wird er zugleich ein Prophet für die Zukunft, er wird Geschichtschreiber, und das gelungene Werk ist nun eine That der Geschichte selber, an welcher noch der späte Enkel sich begeistert, seine Gegenwart aus diesem klaren Bilde erkennen und sich und sein Vaterland an ihm lieben lernt. » (K. Sch. III. 41.)

In der Abhandlung über das deutsche Drama klingt die Klage immer wieder, dass die deutschen Dramatiker das Deutsche, Vaterländische, Eigentümliche allzusehr vernachlässigt haben. « Ist der Deutsche » heisst es im Schlusswort, « nur Deutscher, weil er kein Vaterland, hat, Alles anerkennt, nichts durchdringt, jedes Neue versucht, mit eiligem Enthusiasmus lobt und nachahmt, um es nach zehn Jahren zu vergessen, und noch früher verschmähend mit Füssen zu treten ? Ich will es nicht glauben, weil diese, mag man die Universalität preisen wie man will, den Deutschen erniedrigt. » (IV. 217.)

Noch eindringlicher drückt er sich hierüber in folgenden Worten aus : « Diese Forderung der Deutschen (die sie jetzt wieder mehr zu vergessen scheinen), dass die Kunst eine nationale sein müsse, ist das Wichtigste und Notwendigste, wenn ein Volk sich wahrhaft zur Nation erheben will. Bis dahin ist Alles, was sie erstreben kann, nur Künstelei und Flitter : findet sie das Wahre nicht, so sieht es auch um die wirkliche Nationalexistenz nur misslich aus. » (IV. 361.) « Wie oft » äusserte er in hohem Alter, « habe ich nicht mit A. W. Schlegel über die kosmopolitischen Ideen gestritten, der ihnen ganz ergeben war. Immerdar habe ich das wirkliche Vaterland für das Erste und Nächste gehalten, auf das der Mensch angewiesen sei, und an das er sich halten müsse.» (Köpke : II. 247.) Am Schluss der Vorlesungen über dramatische Kunst und Literatur empfiehlt jedoch auch A. W. Schlegel den Dichtern mit warmen Worten die Pflege der nationalen Poesie.

Ebensowenig wie ihren Kosmopolitismus, teilte Tieck die *antikisirende Richtung* der Klassiker und der Schlegel, die bei all ihrer Vorliebe für die romantische Poesie des Mittelalters, doch an die unbedingte Hoheit und Vollkommenheit der Alten festhielten. Er verspottet dieselbe in seinem dramatisirten Märchen : « Leben und Thaten des kleinen Thomas, genannt Däumchen »; indem er die aus den Volksmärchen bekannten Gegenstände, wie z. B. die Siebenmeilenstiefel in antike Beleuchtung rückt. So sagt z. B. der Hofschuster Zahn : « Glauben Sie mir, diesen Stiefeln seh ich's an, dass sie noch aus der alten Griechenzeit zu uns herübergekommen sind ; nein, nein, solche Arbeit macht kein Moderner, so sicher, einfach, edel im Zuschnitt, solche Stiche ! ei, das ist ein Werk vom Phidias, das lass ich mir nicht nehmen. Sehn Sie nur einmal, wenn ich den einen so hinstelle, wie ganz erhaben, plastisch, in stiller Grösse, kein Ueberfluss, kein Schnörkel, kein gotisches Beiwesen, nichts von jener romantischen Vermischung unserer Tage, wo Sohle, Leder, Klappen, Falten, Püschel, Wichse, alles dazu beitragen muss, um Mannigfaltigkeit, Glanz, ein blendendes Wesen hervorzubringen, das nichts Ideales hat ; das Leder soll glänzen, die Sohle soll knarren, elendes Reimwesen, diese Konsonanz beim Auftritt ; nichts, davon wussten jene Alten nichts. . . . . . . . . . Ich habe mich nach den Alten gebildet, die lassen uns in keiner unserer Bestrebungen fallen.» (Schr. V. 581-82.) Recht ergötzlich lässt Tieck den Hofrat Semmelziege im hochtrabenden Stile der Alten reden, und ihn sich wundern dass man « die schöne Simplicität der Alten » nicht fasse. Oft lässt Tieck den Gedanken durchblicken, dass die griechische Tragödie eher verderblich als heilsam auf das deutsche Drama eingewirkt. Die schädliche Seite der Wirkung des Humanismus schildert er meisterhaft in « Goethe und seine Zeit » :

« Es wäre zu wünschen, dass ein eben so genialer Kopf, wie Rousseau oder Fichte war, mit derselben scharfen, wo möglich noch schärferen Einseitigkeit, als diese über den geschlossenen Handelsstaat und den Schaden der Wissenschaften geschrieben haben, darthun möchte, welchen Nachteil uns die Kenntnis der Alten gebracht hat. Wie alles bis dahin noch in Erinnerung Bestehende zum Verächtlichen herabgesunken, wie alles neue, gute und richtige Bestreben gehemmt, wie das Eigentümliche, Vaterländische oft durch eine verkehrte Anbetung und halbes Verständnis der Alten ist vernichtet worden. Wissen doch selbst manche treffliche Philologen und umsichtige Gelehrte nicht Greul und Finsternis genug auf das zwölfte und dreizehnte Jahrhundert zu häufen, als wenn mit dem vierzehnten und fünfzehnten, als man anfing, Cicero anzubeten, ohne wie er reden zu können, als man Lucan über Virgil setzte und diesen dem Homer vorzog, erst wieder ein Strahl des ersten Lichtes, der Vernunft, und der Menschlichkeit aufgegangen wäre. Diese Gelehrten vergessen, dass eine grosse Kirche, ein herrliches Kaisertum, zwei Institute, wie sie die Welt noch nicht gesehen hatte, schon im Zerbrechen waren, dass eine grosse europäische Dichterzeit vorüber war, deren merkwürdige Erzeugnisse man schon zu vergessen anfing, und die man eben, durch die neu entdeckte Wirksamkeit des Altertums geblendet, immer geringer achtete, bis man weder Sinn noch Gelehrsamkeit mehr hatte, um sie irgend zu würdigen. Ein wahrer Aberglaube beherrschte lange die Welt, den eine Sekte der Philologen verwaltete, die ihre Wissenschaft nur so hin trieben, unbekümmert, ob sie die alte Zeit aufklärten, oder der ihren nutzten, unsäglichen Fleiss aufwendeten, um sich gegenseitig zu lästern, oder zu ergänzen, und das Altertum nur brauchten als eine Grundlage ihres Handwerks, das niemand als ihnen selber frommte. Diese erzogen in Schulen die Jugend so, dass die meisten Zöglinge vergessen mussten dass ein Vaterland da, oder nur möglich sei. Ein so isolirtes Wesen, wie ein Philolog der vorigen Jahrhunderte, ist wol in frühern Zeiten niemals möglich gewesen, denn nur durch Verbreitung einer gewissen Gelehrsamkeit konnte diese seltsame Erscheinung entstehen. Allgemach verklärte sich dieses Studium, drang wieder in's Leben ein, bedurfte der Gegenwart wieder und ward gleichsam menschlicher. Da erzeugte sich, durch grosse Männer veranlasst, der archäologische Aberglaube und der einseitige Wahn der alten Kunst als der unbedingt einzigen. Diese Sekte ist noch im Kämpfen. Könnte aber ein scharfer Geist, (wie einseitig gleichviel) diese Nachteile recht ins Licht setzen, so würde die wahre Gelehrsamkeit, die Liebe des Altertums, die Verehrung ihrer Kunstschätze, eine um so freiere und reinere werden. » (K. Sch. II. 252—53.) [1]

Im ersten Entwurfe zum Buche über Shakespeare heisst es : « *Griechen*. Hatten keine unbedingte Kunst, wie Schlegel beweisen will. Unnützes Streben nach Griechheit in unseren Tagen, da bei ihnen Kunst an die Politik und Religion grenzte, was bei uns unmöglich. » (N. Sch. II. 127.)

Auch stimmt das Urteil Tiecks und der Schlegel über die griechischen Dramatiker keineswegs überein.

---

[1]. K. Bleibtreu hat wol diese Stelle im Auge wenn er in seiner « Revolution in der Literatur » bemerkt : « Trefflich hat unser Tieck sich einmal über den unermesslichen Schaden verbreitet, welchen die einseitige Hingabe an die Antike den Deutschen in ihrer Jugenderziehung zufügt. »

Tieck bevorzugt Euripides, weil er den Neuern verwandter ist als Sophokles und Aeschylos. Aus eben dem Grunde verdammen ihn die Schlegel, als Verfälscher des griechischen Lebens, das nur rein bei Sophokles und Aeschylos erstrahle. Am befangensten ist A. W. Schlegels Urteil über Euripides in den dramatischen Vorlesungen ; er bespricht mit Vorliebe seine schwachen Werke und gleitet über die besseren kurz hinweg. Die Schlegel behalten ihr besonderes Lob denjenigen griechischen Dramen vor, welche am schärfsten den modernen Begriffen entgegengesetzt sind. A. Wilhelms « besondere Vorliebe » (S. Werke V. 118) für den Oedipus in Kolonos, den er über den König Oedipus stellt, findet hierin ihre Erklärung.

Den Gräkomanen, Goethe, Schiller, Fr. und A. W. Schlegel, welche das deutsche Drama ins antike Geleise hinüberfahren wollten, hielt Tieck die Grundverschiedenheit der alten und der modernen Welt entgegen und den daraus bedingten grundverschiedenen Charakter des Dramas.

« Die moderne Welt der vergangenen ganz entgegengestellt », heisst es in den erhaltenen Bruchstücken des Shakespeare-Buches. « Nichts öffentlich ; selbst die Fürsten führen ein Privatleben. Ursache und Wirkung einer Erscheinung liegen unendlich weit auseinander ; die dramatische Ansicht der Welt daher erschwert. » (N. Sch. II. 129.)   Und weiter (S. 142) :

« Die neue Welt besteht aus nebeneinander gehenden isolirten Lebensläufen, statt dass die alte Welt nur eine grosse Masse ausmachte, wo Jeder Rechte daran hatte und Jeder Teil daran nehmen durfte. Die alte Kunst in jedem ihrer Zweige spiegelt diesen Charakter ab, und hat dadurch etwas Freies, Unbegrenztes. Die neuere Kunst musste ein Spiegel der neueren Welt werden ; sie hat daher allenthalben den Charakter des Engen und Begrenzten. Man suchte fremdartige Stoffe zu Dichtungen, statt dass diese sich den Griechen von selbst darboten. Die Kunst verlor ihr heiliges Ansehen. Ihre Vortrefflichkeit konnte nur noch darin bestehen zu täuschen, nnd in sich selbst vollendet zu sein, da sie alle äussere Beihülfe entbehren musste. » Ferner führt Tieck aus wie der moderne Dichter die vorliegende Wirklichkeit nicht direkt für die Kunst verwenden könne wie der Grieche seine dramatisch-abgerundeten Sagen, wie das Gesetz der Einheiten notwendig aus der Natur des griechischen Theaters erwachsen und auf das moderne Drama nicht mehr anzubringen sei, wie der Hauptzweck des antiken Dramas Patriotismus, Religion, und edle, schöne Gefühle sei, der des neueren aber vollendete ästhetische Täuschung, wie die Griechen ihr Hauptaugenmerk auf Darstellung von Sage und Geschichte gerichtet hätten, die modernen aber auf Darstellung von Leidenschaften, wie, anders ausgedrückt, im griechischen Drama die Handlung die Hauptsache gewesen, während es im modernen die Charaktere seien. « Das neuere Drama » schreibt er in « Goethe und seine Zeit », « ist offenbar vom alten wesentlich verschieden, es hat den Ton heruntergestimmt, Motive, Charakterzeichnung, die Zufälligkeiten des Lebens treten mehr hervor, die Gemütskräfte und Stimmungen entwickeln sich deutlicher die Komposition ist reicher und mannigfaltiger und die Beziehung auf das öfentliche Leben, die Verfassung, Religion und das Volk ist entweder zum Schweigen gebracht oder steht zum Werke selbst in einem ganz anderen Verhältnis. Die Bedeutung des Lebens, dessen Verirrung, das Individuelle, Seltsame ist mehr zur Sprache gekommen und diejenigen Autoren, die zuweilen den runden, vollen Ton der alten Tragödie haben anschlagen wollen, sind fast immer in Bombast und den Ton des Seneca gefallen. » (K. Sch. II. 194.) Feinsinnig deckt Tieck den innern Zusammenhang zwischen dem antiken Drama und dem spanischen und französischen auf, hebt hervor wie sehr alle drei der Lebensauffassung der modernen Welt, insbesondere aber dem germanischen

Gemüte widerstreben, welche tiefe Bluts- und Wahlverwandschaft hingegen zwischen den Deutschen und Shakespeare bestehe. Im Vergleiche mit dem romanischen Drama zeige sich die Grösse Shakespeares noch glänzender, sagt er in der Einleitung zum Shakespeare-Buche. « Will der kritische Leser die Gesetze der Täuschung, die richtigen Motive, die Konsequenz der Charaktere und das Befolgen dieser unsichtbaren, wahren Kunstregeln im Gegensatz jener conventionellen, willkürlichen und durch Missverständnis aus den Alten entwickelten Regeln sich deutlich machen, so lässt sich schwerlich ein Dichter entdecken, der mehr und triftigere Belege als Shakespeare lieferte. » (N. Sch. II. 96.)

Richtig hat Tieck Shakespeare als den Schöpfer des modernen *Charakterdramas*, im Gegensatz zum antiken und romanischen *Situationsdrama* anerkannt. Das Shakespearsche Charakterdrama soll der Leitstern für die literarische Zukunft Deutschlands sein, diesen Grundsatz wird Tieck nicht müde einzuschärfen. Und hierin hatte er vollkommen Recht, denn bei Shakespeare tritt an Stelle der pathetischen, alle Charakteristik aufhebenden Rhetorik, markige, knappe, charakteristisch abgestufte Redeweise, an Stelle des Kampfes sittlicher Prinzipien, Widerstreit menschlicher Gefühle, an Stelle des von aussen her bestimmten Schicksals, Verlegung der letzten, richtenden Instanz im Innern, im Gewissen des Menschen, an Stelle der nach abstracten Prinzipien typisirten Figuren, eindringende, specialisirende Seelenschilderungen, an Stelle von Intrigue und Situation, Leidenschaft und Charakter, an Stelle von Würde, Representation, Anstand, Schlichtheit und Wahrheit der Natur, an Stelle des äusserlichen Prunkes, lebendige Innerlichkeit, in einem Worte an Stelle des Aeusserlichen, Sinnlichen, Zufälligen, das Innerliche, Geistige, Wesentliche. Der Dichter Tieck ist ein Idealist : er schreibt romanische Situationsdramen ; der Kritiker Tieck ist ein Realist : der Grundgedanke seiner dramaturgischen Schriften ist, dass Charakteristik und Realistik das Wesen des Dramas sein sollen. Sein Hauptverdienst ist, so nachdrücklich betont zu haben, dass die Deutschen um zu einem eigentümlichen, fruchtbaren dramatischen Kunststil zu gelangen, gründlich mit dem ihrem Wesen widersprechenden, antiken und romanischen Drama aufräumen müssen, zuerst ausgesprochen zu haben, dass der Shakespearsche Realismus dem deutschen Geistes- und Gemütsleben mehr entspricht als der Schillersche Idealismus. Eine Geschichte der deutschen Dramaturgie, die bald geschrieben werden sollte, wird hervorheben müssen, dass *Lessing* die Herrschaft der Franzosen zertrümmerte, die Alten aber als Muster beibehielt, dass *Herder* zuerst das Shakespearsche Drama dem antiken als ein ebenbürtiges gleichberechtigtes gegenüberstellte, den Unterschied zwischen beiden aus der Verschiedenheit ihres Ursprungs erklärte, dass *Lenz* tiefer griff, indem er diesem Unterschiede, die gänzlich veränderte Lebens- und Weltanschauung zu Grunde legte, dass er das antike Drama mit dem epochemachenden Satze : nicht die Handlung, sondern die Charakteristik sei die Hauptsache, abthat, dass *Goethe* und *Schiller* die entgegengesetzte Theorie des Aristoteles wieder zu Ehren brachten, sich theoretisch und praktisch den Alten und den Franzosen wiederum näherten, dass endlich *Tieck* den Aristoteles wieder zu stürzen versuchte, und nicht nur das antike und romanische, sondern auch das klassische deutsche Drama als Stilmuster ablehnte und das Shakespearsche als solches aufstellte. Lessing hatte mit den Franzosen aufgeräumt, Lenz mit den Alten ; Tieck that einen Schritt weiter, er rechnete auch mit Schiller ab, eben weil das Schillersche Drama der Reifezeit auf antiker und romanischer Grundlage aufgebaut war.

Nie ht Tieck Schiller vergeben können dass er den realistischen Boden der modernen Charaktertragödie, auf dem er in seinen Jugenddramen gestanden, aufgegeben, um sich, von Goethe verleitet, einem falschen Idealismus in die Arme zu werfen. Tief hat er bedauert dass Schiller sich von der Bahn Shakespeares entfernt hat, um sich dem Stile der Alten und der Franzosen[1] zu nähern. Mit stürmischem Enthusiasmus hatte er die dramatischen Jugendprodukte Schillers begrüsst und es ist, wie Friesen bemerkt « nicht unwahrscheinlich, dass die Meinung über Schillers poetische Laufbahn, welche ihm in späteren Jahren, oft mit zu grosser Einseitigkeit, zum bittern Vorwurf gemacht wurde, ihren Grund hatte in der Täuschung von Erwartungen und Hoffnungen, welche sein jugendliches Gemüt aus den ersten Ausströmungen dieses mächtigen Ingeniums geschöpft hatte, und die, seiner Ansicht nach, später nicht in Erfüllung gegangen waren. » (L. Tieck. II. 51.)

Wie hätte der Realist Tieck mit den hyperidealistischen Theorien, die Schiller im Briefwechsel mit Goethe und in der Vorrede zur Braut von Messina entwickelte, übereinstimmen können? Dort wird unumwunden ausgesprochen, dass eine poetische Darstellung mit der Wirklichkeit niemals übereinstimmen könne, dass der neuere Künstler leztere lieber ganz verlasse, um bei der Imagination Hülfe gegen die Empirie zu suchen, dass die

---

[1]. « Nur bei dem Franken war noch Kunst zu finden.
. . . . . . . . . . . . .
Ein heiliger Bezirk ist ihm die Scene ;
Verbannt aus ihrem festlichen Gebiet
Sind der Natur nachlässig rohe Töne,
Die Sprache selbst erhebt sich ihm zum Lied ;
Es ist ein Reich des Wohllauts und der Schöne
In edler Ordnung greifet Glied in Glied
Zum ernsten Tempel füget sich das Ganze.
. . . . . . . . . . . . .
Er komme wie ein abgeschiedner Geist,
Zu reinigen die oft entweihte Scene
Zum würd'gen Sitz der alten Melpomene. »

Schillers Gedicht an Goethe, als er den Mahomet von Voltaire auf die Bühne brachte.

gemeine Naturnachahmung durch Einführung symbolischer Begriffe verdrängt werden müsse, dass der gemeine Begriff des Natürlichen alle Poesie und Kunst aufhebe und vernichte, dass die verlangte Illusion ein armseliger Gauklerbetrug sei und die Tragödie, um sich ihren idealen Boden, ihre poetische Freiheit zu bewahren, sich von der wirklichen Welt rein abschliessen müsse. Dort wird der Fundamental-Satz des Aristoteles, in der Tragödie liege das Hauptgewicht auf die Verknüpfung der Begebenheiten, als einen « den Nagel auf den Kopf treffenden » bezeichnet. Dort wird von den Personen des Dramas verlangt, dass sie keine wirklichen Wesen, keine blosse Individuen sein sollen, sondern ideale Geschöpfe, Repräsentanten ihrer Gattung, die das Tiefe der Menschheit aussprächen. Dort wird dem Dichter geboten die blinde Gewalt der Affekte zu vermeiden, nach schöner und hoher Ruhe zu streben, Sorge zu tragen dass das Gemüt des Lesers oder Zuschauers kein Raub der Eindrücke werde, sondern sich immer klar und heiter von den erlittenen Rührungen zu scheiden vermöge. Dort wird an alles Poetische die Forderung gestellt, dass es rythmisch behandelt werden müsse, denn nur der Rythmus erlaube dem Dichter alles Gröbere zu entfernen, und dem Dramatiker insbesondere alle Charaktere und alle Situationen nach einem Gesetze zu behandeln, in einer Form auszuführen, und an Stelle des Charakteristisch-Verschiedenen, das Allgemeine zu setzen. Dort wird auch dem tragischen Dichter die Vorschrift gemacht, Handlung und Figuren mit einem lyrischen Prachtgewande zu umgeben, in welchem sich, als wie in einem weit gefalteten Purpurgewand, die handelnden Personen frei und edel mit einer gehaltenen Würde und hoher Ruhe bewegen. Dort wird, die Einführung des Chors in die Tragödie gefordert, als das beste Mittel um dieselbe über die gemeine Wirklichkeit zu erheben, und — um dem Allem die Krone aufzusetzen, — die Oper als die höchste Kunstgattung bezeichnet, weil man da notgedrungen und am meisten von der servilen Naturnachahmung absehen müsse.

Das ist die theoretische Grundlage auf welcher die Schillersche Dramatik der Reifezeit aufgebaut ist, wenn diese kunsttheoretischen Ideen auch in der poetischen Praxis etwas gemildert erscheinen. Dass Tiek zuerst energischen Protest dagegen eingelegt und all das Unheil das diese Grundsätze gestiftet, klar dargelegt hat, rechnen wir ihm zu hohem Verdienste an. Der getreueste poetische Ausdruck dieser ultra-reaktionären Theorien ist die Braut von Messina und eben gegen diese richtet sich denn auch vor allem die Polemik Tiecks. Die Braut von Messina, « dieses kalte Prachtstück der Redekunst » hat, schreibt Tieck, « unsere Bühne aus allen Fugen gerenkt, sowie die seltsame Vorrede damals Verwirrung verbreitete, die sich erst nach manchem Jahre wieder völlig zerstreuen wird. Hier hat mit aller Kunst der Rede das völlig Undramatische, das Unmögliche, ja die völlige Auflösung des Theaters gerechtfertigt werden und zu einer Theorie, zum Grundsatz des ächten Schauspiels erhoben werden sollen. Handlung, Charakter, Motive, innere Notwendigkeit und das Wahrscheinliche werden nun als eben so überflüssig und störend, wie das Nationale, Hergebrachte und das ewige Gesetz der Bühne und der dramatischen Poesie behandelt. Und diese Umkehrung der alten, hergebrachten Ordnung entspringt nicht etwa aus Ueberfälle dichterischer Kraft, aus Ueberschwang sich missverstehender Genialität, sondern aus irregehender Systemsucht, die ein einseitiges Spekuliren mit Begeisterung verwechselt, und alten Pedantismus durch blendende Gedanken und Reden für das kurzsichtige Auge unkenntlich macht. » (K. Sch. IV. 210—211.)

« So weit von der Wahrheit wie in der Braut von Messina, hat sich unsere Bühne wol noch nie verirrt und es bleibt ein unbegreiflicher Irrtum des grossen Dichters, auf diese Weise, die das Schauspiel aufhebt, statt es zu ergänzen oder zu verklären, den Chor der

Alten für uns ersetzen zu wollen. Dieser Missgriff und die vornehme Autorität, die so Vielen imponirte, die so gern das griechische Drama mit dem unserigen ausgleichen möchten, hat dadurch sehr geschadet, dass schwächere Geister sich nun ermutigt sahen, andere Versuche unseren nachgiebigen Theatern aufzuzwingen, wodurch es auch auf lange aus seiner Bestimmung verrückt wurde. » (IV. 49).

Ferner beschuldigt Tieck Schiller, durch seine Braut von Messina das Hervorheben und Isoliren lyrischer und oratorischer Teile befördert und der Schicksalstragödie den mächtigsten Anstoss gegeben zu haben. « Durchdrungen von der Nichtigkeit dessen, was die damaligen Dramatiker beabsichtigten, hatte der Dichter in Kritiken, Epigrammen und in der Tragödie selbst, auf jenes grosse Schicksal hingewiesen, welches in der alten Welt, und in der neueren, im Shakespeare so mächtig auftritt: nur freilich niemals so, wie in den Werken Schillers, wo Alles darauf hindeutet und der Dichter selber es namhaft macht, wodurch es gleichsam ein äusseres, von den Leidenschaften und Begebenheiten unabhängiges Wesen wird, statt dass es sich beim Briten innigst mit allem Menschlichen, bis auf Laune und scheinbaren Zufall hinab, vereinigt, und der Dichter in der Fülle seiner Darstellung nicht darum zu wissen scheint; oder dass es auf so geheimnisvoll furchtbare Weise wie in der alten Tragödie majestätisch vorüberschreitet. Diese Anschauung, welche Schiller schon in das äussere Bewusstsein herabgezogen hatte, wodurch in den « Feindlichen Brüdern » sie schon ein Rätselspiel, ein willkürliches Auflösen in einen mehr witzigen Verstandesbegriff wurde, ward nachher von den Manieristen leidenschaftlich ergriffen, um uns statt Familienelend, kleinlichen Bösewichtern, Schulden und Verschwendung ein noch kleinlicheres, boshaftes und schadenfrohes Wesen aufzudrängen, welches sie Schicksal tauften, und das, weil es eben so ganz willkürlich ersonnen war, von

Natur und Wahrheit, sowie von der Kunst noch ferner stand, als jene kleinlichen Schilderungen, denen man nun auf immer entwachsen zu sein glaubte. » (IV. 209.)

Schon in der Abhandlung « Ueber die tragische Kunst » vom Jahre 1792 hatte Schiller erkannt, dass die antike Tragödie auf dem Glauben und auf der Voraussetzung des Schicksals aufgebaut war. Er sah darin eine Unvollkommenheit die die griechische Kunst hindere sich zur « reinen Höhe tragischer Rührung » zu erheben. Folgerichtig wurzelt denn auch seine ganze dramatische Jugenddichtung in der Anerkennung und Darstellung der menschlichen Freiheit. Sobald er aber dem idealistischen Anachronismus antikisirender Kunsttheorien verfallen und sich zu der Ueberzeugung emporgearbeitet hatte, das Drama der Alten sei die ideale dramatische Kunstform, musste ihm die Schicksalsidee notgedrungen in anderem Lichte erscheinen. Dass dieselbe in ihrer antiken Nacktheit und Grässlichkeit allzu empörend für das moderne Bewusstsein ist, fühlte er wol. Er suchte deshalb ihre Nacktheit zu bekleiden, ihre Grässlichkeit zu mildern ; er machte, nicht nur in der Theorie, sondern auch in der Praxis die unglaublichsten Anstrengungen zwischen fatalistischer Prädestination und persönlicher Freiheit zu vermitteln. Dies gelang ihm nicht und konnte nicht gelingen und so verdammte er sich denn selbst auf immer zwischen antiker und moderner Weltanschauung hin- und herschwanken zu müssen.

Jul. Schmidt bemerkt treffend dass Tieck in seiner Kritik Schillers, diesem alle Sünden aufbürdet, die er selbst begangen. Tiecks Schillerkritik ist die vernichtendste Verurteilung seiner eigenen dramatischen Produktion, denn alle Verirrungen die er mit scharfem, kritischem Auge bei Schiller aufdeckt, hat er sich selbst in weit höherem Masse zu Schulden kommen lassen. Was zuerst den Schicksalsspuk betrifft, so tritt derselbe in Tiecks « Abschied » und « Karl von Berneck », doch viel roher und geschmackloser auf als in Schillers « Braut von Messina ». Schiller sucht dem Zufalle wenigstens den Schein der Notwendigkeit zu geben, verleiht ihm eine gewisse, mystische Weihe, während Tieck das rein gespensterhafte Gruseln zum tragischen Geschick erhebt, und letzteres an einen leblosen Gegenstand, ein Bild, ein Schwert knüpft.

Der Dichter der ganz unaufführbaren Dramen Octavian und Genoveva wirft auch Schiller vor, dass seine Stücke zu wenig Rücksicht auf die Bühne nehmen. Schillers Monologe, Schilderungen und lyrische Ergüsse, bemerkt er, fordern auf zu isolirter Deklamation, die nichts mehr mit dem Theaterspiel einer Scene zu thun hat. « Die glänzendsten Poesiestücke seiner Jungfrau, ihr erster Monolog, sowie der zweite grosse vor dem Aufzuge und manches im Tell kann schwerlich, der Wahrheit gemäss, auf ächte theatralische Weise gegeben und gesprochen werden. Der Dichter herrscht vor, der gewöhnliche Deklamator reisst sich noch mehr los, wir sehen, wir hören ein Deklamatorium, wir sind im Concerte und stehen vor einem Melodrama, das wieder dem Schauspiele später Platz macht. . . . Diese Schilderung und dieses lyrische Element, was sich nicht mit dem Drama eng verbindet und dadurch bei unserm Publikum nur um so mehr Glück macht, hat nach und nach durch die falsche Manier der Schauspieler und durch andere Lieblingsdichter, die noch verwegener Luxus damit getrieben haben, das wahre Theaterspiel und die richtige Deklamation zerstört, hat die Zuschauer immer mehr verwöhnt, nicht mehr vom Ganzen, von artikulirter Geberde und natürlicher Rede und dem Zusammenspiel hingerissen und getäuscht zu werden, sondern nur vom Einzelnen, schroff Hervorragenden, sich Vordrängenden, wo Natur und Zusammenhang nicht mehr in Rechnung stehen. » (II. 349-50.) [1]

---

1. In Tiecks Fastnachts-Schwank « Der Autor », antwortet der

An anderer Stelle, bemerkt Tieck jedoch, bei Schiller sei das dramatische Element so überwiegend, dass der durch diese lyrische und epische Ausschmückung bewirkte schädliche Einfluss auf die Bühne bei weitem nicht so gross wäre, « wenn sich ihm nicht Andere angeschlossen hätten, die gewissermassen eine Schule bilden, und die in diesem Fehler mit vollem Bewusstsein ihre grösste Kraft entwickeln wollen. » In diesen Deklamationsstücken der Nachahmer Schillers, trete ein Schauspieler nach dem anderen auf um eine vereinzelte schöne Stelle « unter seltsamen Zuckungen dem Parterre entgegen zu schreien, völlig unbekümmert um alle übrigen Mitspielenden ; » dabei vergesse man denn völlig Theater und Gedicht. (III. XVII.)

Wie genau passt folgender Satz, der auf die Nachtreter Schillers und Calderons gemünzt ist, auf Tiecks eigene Dramen : « Wir sind bei manchen neuen Deklamationsstücken, in welchen ein Wütender durch alle Sylbenmasse und Reimverkettungen springt und tanzt, indes sein Gefährte ruhig gegenüber steht und abwarten muss, bis auch an ihn Trochäen, Daktylen und lange und kurze Verse mit ihrer Bilderpracht kommen werden, schon ziemlich weit vom ächten Drama entfernt. » (III. 18. Vgl. auch IV. 117.)

Schauspieler auf die Aussage des Dichters :

« Ich wollte gern, dass das Ganze rührte,
Nichts Einzelnes die Gemüter irre führte :

Nun seh mir ein Mensch nur solchen Zweck !
Ei gehn Sie mir doch damit weg !
Das Ganze, verstehn Sie, läuft darauf ab,
Ob aus dem Parterre erschallt : Klipp klapp !
Ob's in die Hände, in die Beine fährt,
Das ist, was die guten und schlechten Dichter bewährt,
Und werden Sie sich nicht anders richten,
So fürcht' ich, Sie werden für die Beine dichten. » (Schr. XIII. 284.)

Besonders zuwider ist Tieck Schillers Hang zu Reflexionen und Sentenzen. Oft und scharf tadelt er denselben. Und erst die Nachahmer! die haben links und rechts, wie der Sämann, mit vollen Händen, Reflexionen und Sentenzen ausgestreut, « unbekümmert, ob sie aufgehen, oder vom nächsten Sperling weggenascht werden. » (III. 40.) — Schiller ist, nach Tiecks Ansicht, zu sehr Reflexionsdichter. Er folge nicht frei und mächtig der Muse und Begeisterung, sondern wolle zu oft durch aufgestellte Exempel eine einseitige Theorie geltend machen. So präge er z. B. seinem Wallenstein zugleich « jene Theorie über die Kunst ein, die er seitdem als Denker abstrahirt hatte, und zwar nicht in das innerste Wesen desselben hinein, sodass es mit der Begeisterung aufging, und mit dieser ein und dasselbe wurde ; sondern er legte es kenntlich und leserlich als Absicht in die Aussenwerke zur Schau, sodass nicht nur das Doppelte sich aussprach, die Charaktere und ihre Gesinnung, und zugleich mit diesen, was der Dichter über sie und ihre Lage meinte, sondern ebenfalls die Theorie der Dichtungsart selbst und wie sie sich verkündigen müsse. » (IV.208.) Schillers Epigonen « glauben von ihm gelernt zu haben, wenn sie einen toten, ausser dem Gedicht liegenden Begriff erfinden, und dieses von ihm unterjochen lassen ». (III.40.) Gerade « das Tadelnswürdige bei Schiller hat begeistert und ist seitdem verzerrt in Nachäffungen wiedergegeben worden, und man kann darum behaupten, dass Schiller selbst, *sowie er gewissermassen erst unser Theater gegründet hat, auch der ist, der es zuerst wieder zerstören half* ». (III.56). — Der flüchtigste Blick auf das Epigonendrama von Raupach über Gottschall bis zur Gegenwart rechtfertigt diesen harten Schluss vollkommen.

Was die Charakteristik bei Schiller betrifft, so macht Tieck ein Unterschied zwischen den Männer- und Weibercharakteren. Schiller leihe seinen Männern oft Gesinnungen und Reden, die den Umständen und ihrem

Charakter nicht ganz angemessen seien, in welchen man nur den reflektirenden Dichter vernehme; aber gross und wahr, selbständig und lebendig seien die meisten seiner männlichen Figuren; man könne an ihrer Individualität nicht so, wie bei den meisten Frauen des Dichters, zweifeln. Schillers Weibercharakteristik sei hingegen gerade der Punkt, wo seine Schwäche am meisten sichtbar werde. Er habe in der Schöpfung seiner weiblichen Charaktere keine grosse Mannigfaltigkeit bewiesen. « Alle seine Heldinnen sind so ganz von Liebe durchdrungen, dass sie in ihrer hohen und edlen Leidenschaft unüberwindlich erscheinen; sie sprechen sich gleich beim Auftreten so stark und voll aus, dass kaum eine Steigerung möglich bleibt. Daher ist bei Schiller die Liebe ein hoher Rausch oder eine edle Resignation, und wir hören in allen diesen Gestalten weit mehr den Dichter, als die Natur sprechen. Sonderbar, dass ihm gerade dieser Mangel die Herzen scheint gewonnen zu haben. » (III.53.)

Ueber die einzelnen weiblichen Schöpfungen Schillers bemerkt Tieck: Dithyrambisch ist die Amalia in den Räubern, ähnlich die Louise in Kabale und Liebe; die Leonore im Fiesko ist das geschwächte Bild dieser, die Königin im Carlos eben so gross, edel und ergeben. Von der Eboli und ähnlichen Charakteren können wol selbst die einseitigen Verehrer des Dichters nicht ganz leugnen, dass sie verzeichnet sind. In der Thekla spricht sich diese Weiblichkeit, die mehr Abstraktion als Wirklichkeit zu nennen ist, am edelsten aus. Wahrer und überhaupt der gelungeste, weibliche Charakter Schillers ist Maria Stuart. Die Geschichte zwang den Dichter ihr etwas mehr Schwäche und Verirrung zu geben. Die sonderbare Jungfrau erscheint im Anfang spröde und wunderlich, in ihrer unbegreiflichen Liebe aber wieder in der Manier des Dichters, ganz so die Braut von Messina und das Fräulein im Tell. (III. 53.) Schiller nehme überhaupt die Liebe zu ernst und feierlich, zu stürmisch und enthusiastisch ; er lasse im Rausch niemals die edlere Sinnlichkeit, die Grundbasis der Leidenschaft anklingen. (III. 58.)

Bei allem Tadel ist Tieck jedoch weit entfernt Schiller grundsätzlich und konsequent herabzusetzen, wie es ihm oft ist vorgeworfen worden und noch vorgeworfen wird. Von persönlicher Abneigung gegen Schiller findet sich in seinen Schriften keine Spur. Obgleich Schiller im Briefwechsel mit Körner den Dichter Tieck hart beurteilt und ihm, wegen seines freundschaftlichen Verhältnisses zu den ihm so verhassten Schlegel, nicht gerade wolgesinnt war, so ist es doch nie zwischen beiden zu einem persönlichen Zerwürfnis gekommen. Für die Grösse der Erscheinung Schillers war Tieck bei weitem nicht ohne Verständnis. « Was Schiller gewirkt hat und noch wirkt », schreibt er wörtlich, « weiss und fühlt ein Jeder und Deutschland muss ihm für alle Zeiten dankbar bleiben. Er nahm aus unmündigen Händen das Regiment, um die Musen durch seinen geweihten Stab wieder zu uns herabzuwinken. » (IV. 208.) Ausdrücklich erkennt er an, dass Schillers Werke « die Töne der Natur, die einfache Rede, die Naivetät nicht ausschliessen, sondern auch in der Erhebung die echte Simplicität nicht verscheuchen. » (III. 69.) Gerade diese Eigenschaften hätten den Wallenstein national gemacht, und würden ihn immer auf der Bühne als echtes Volksschauspiel erhalten. Den Wallenstein sieht übrigens Tieck als das beste Werk der Reifezeit Schillers an. Sein Aufsatz über dieses Drama in den dramaturgischen Blättern ist ein kritisches Meisterwerk, das Jul. Schmidt mit Recht nach allen Seiten hin gerecht und eindringend nennt.[1] In poetisch

---

1. « Tiecks Entwickelung der Piccolomini und des Wallensteins, » schreibt Goethe in seiner Beurteilung der dramaturgischen Blätter, « ist ein bedeutender Aufsatz. Da ich der Entstehung dieser Trilogie von Anfang bis zu Ende unmittelbar beiwohnte, so bewundere ich, wie er in dem Grade das Werk durchdringt. »

gehobener, von aufrichtigem Enthusiasmus durchdrungener Sprache zeigt Tieck wie mächtig und erhaben diese Tragödie über « die schwachen Geburten des Tages » emporrage. -- Man denke auch an Wilibalds Trinkspruch auf Schiller im « Phantasus » : « Lasst uns Schillers Andenken, dessen ernster, gross strebender Sinn wohl noch länger unter uns hätte verweilen sollen, mit Goethes Namen vereinigen », (Schr. IV. 87) und an eine Aeusserung des alten Tieck Köpke gegenüber : Schiller werde durch seine Grossartigkeit und seinen Tiefsinn eine hohe Stelle in dem Leben des deutschen Volkes zu allen Zeiten einnehmen. (Köpke II. 198) — Im Gestiefelten Kater hatte Tieck einige Stellen aus Schiller parodirt. Es heisse keinen Scherz verstehen, schreibt er noch in hohem Alter, wenn man dergleichen gut gemeinte Spässe übel empfinde und voraussetze, dass der Scherzende den Dichter habe beleidigen wollen. Schiller werde trotz aller seiner Schwächen ein grosser Dichter und ein sehr merkwürdiges Talent für alle Zeit bleiben. (K. Sch. IV. 377—78.) Seinen leichtsinnigen Tadlern sagt Tieck übrigens ins Gesicht, wer behaupte er habe den von ihm verehrten Dichter schmähen wollen, wer ihn und sein Bestreben so verkennen könne, solle sich billig um seine Erörterungen nicht kümmern. Er habe nur zeigen wollen dass der Götzendienst mit Schillers Werken, wie jeder Götzendienst der deutschen Literatur grossen Schaden gethan habe. (IV. 157.) Tiecks Schiller-Kritik ist vor allem eine Kritik der zu seiner Zeit herrschenden falschen Verehrung Schillers.

Die oft wiederholte Behauptung, die Abneigung der Romantiker gegen Schiller habe ihren Grund in dem Gegensatze zwischen ihrer weichlichen, traumseligen Poesie und dem erhabenen, thatkräftigen Idealismus Schillers, ist nichts als eine oberflächliche Redensart. Der Gegensatz zwischen der Poesie Schillers und der der romantischen Schule ist bei weitem nicht so bedeutend wie gemeiniglich angenommen wird. Hettner zuerst und noch vor kurzem Minor und Walzel haben überzeugend dargelegt dass Schiller viel mit der romantischen Schule gemein hat. Die Auffassung der dramatischen Kunst von Seiten Schillers und der Schlegel bietet viel Uebereinstimmendes. Die Schillerkritik der Schlegel gilt eher dem Lyriker als dem Dramatiker, und ihre hämischen Angriffe sind eher gegen die Persönlichkeit Schillers als gegen den Dichter gerichtet; sie entspringen keinem grundsätzlichen Gegensatz wie bei Tieck, sondern zum grössten Teil persönlichen Reibungen. Sie machen sich mehr in mündlichen und brieflichen Aeusserungen, in Epigrammen Luft, als in der literarischen Kritik.

Vor seinem Zerwürfnisse mit Schiller, nannte der Gräkomane Friedrich Schlegel Schiller ein ursprüngliches, entschieden tragisches Genie. (« Ueber das Studium der griechichen Poesie »). Selbst nachdem er mit Schiller zerfallen, greift er den Dramatiker nicht an, bezeugt ihm vielmehr gelegentlich volle Achtung (Rezension von Goethes Werken v. J. 1808), und spendet ihm hohes Lob in seiner Geschichte der alten und neuen Literatur. Er nennt ihn dort den wahren Begründer der deutschen Bühne, « der die eigentliche Sphäre derselben, und die ihr angemessene Form und Weise bis jetzt noch am glücklichsten getroffen. » (Werke II. 314.) A. W. Schlegel hat sich nur in den Vorlesungen über dramatische Kunst und Literatur etwas eingehend mit den Dramen Schillers befasst. Da überwiegt auch das Lob bei weitem den Tadel.

Zwischen der Schiller-Kritik Tiecks und der Schlegel besteht übrigens der bedeutsame Unterschied, dass Ersterer die Jugendprodukte des Dichters höher schätzt als die Werke seiner Reifezeit, während Letztere in diesen die geläuterte und vollendetere Kunst erkennen. In den Jugenddramen sieht Tieck « eine Fülle ächten dramatischen Talentes, jenes theatralischen Instinktes, der Alles vor unseren Augen und der Phantasie in Leben und Thätigkeit setzt. » (K. Sch. IV. 203.) Er ist nicht blind für die Mängel derselben ; er findet die Motive schwach und ungenügend, die Charaktere übertrieben, den Schluss unbefriedigend, viel Willkür, Uebertreibung, falsches Pathos. « Aber die theatralische Wirkung, das Fortschreiten, das Lebendigwerden durch das Spiel, diese Gaben, die dem Dichter mit der Geburt geschenkt sein müssen, indem er sie nicht erwerben, nur ausbilden kann, gaben die Hoffnung, dass aus diesem Ungeheuern, Mächtigen, Rohen und doch Poetischen sich der künftige, wahre dramatische Dichter, wenn er nur erst das Antlitz der Wahrheit geschaut hatte, hindurch arbeiten würde. » (IV. 203.)

An die Bewunderung der « Räuber » hat Tieck sein ganzes Leben festgehalten. « Du weisst » sagt Elsheim im « Jungen Tischlermeister » (1836) zum Helden der Novelle Leonhard, « wie ich dieses kecke, verwegene, zum Teil freche Gedicht liebe, mehr als die meisten meiner Landsleute, die Schiller verehren. Es ist ein übertrotziges Titanen-Werk eines wahrhaft mächtigen Geistes, und ich finde nicht nur schon ganz den künftigen Dichter darin, sondern glaube sogar Vortrefflichkeiten und Schönheiten in ihm zu entdecken, Ankündigungen, die unser geliebter Landsmann nicht so erfüllt hat, wie wir es nach diesem ersten Aufschwung erwarten durften. » (Schr. XXVIII. 335.) Dazu stimmt ein Geständnis Tiecks in den Unterhaltungen mit Köpke (S. 193-94) : Schiller hat mit seinem grössten Werke angefangen.... Ein Werk von so wirklich titanischer Kraft hat keine andere Dichtungsgattung, keine andere Literatur aufzuweisen..... Die Schlegel teilten meine Bewunderung der « Räuber » nicht ; sie fanden sie roh und barbarisch, was ich nie habe begreifen können. Aber sie verstanden Schiller nicht und hatten von seiner Grossartigkeit keine Ahnung, wie auch noch ihre Epigramme beweisen.

Man halte hiergegen A. W. Schlegels Urteil über die Jugenddramen Schillers in den Vorlesungen. Die Räuber nennt er eine verfehlte Nachahmung Shakespeares, ein wildes und grässliches Stück, das jugendlich schwärmende Köpfe gänzlich verdrehe. Kabale und Liebe könne schwerlich durch den überspannten Ton der Empfindsamkeit rühren, wol aber durch peinliche Eindrücke foltern. Ein so edler Geist wie Schiller hätte nicht lange in solchen Auschweifungen verharren können. Auch Friedr. Schlegel spricht in seiner Geschichte der Literatur verächtlich von den « ersten, rohen Jugendwerken » Schillers.

Den Einfluss der ästhetisch-philosophischen Studien Schillers auf seine Dichtung beurteilen Tieck und die Schlegel auch ganz verschieden. Tiecks Meinung hierüber teilt uns Köpke in den «Unterhaltungen» (S. 194-95) mit : Schiller wäre eine der gewaltigsten Erscheinungen geworden, wenn er in der Weise seiner Jugendwerke fortgegangen wäre. Er erschrak aber vor sich selbst, fürchtete seine innerste Natur und brach darum seine freie Entwickelung ab. Später verdarb noch die Philosophie seine Poesie ; dazu kam der verderbliche Einfluss Goethes. Es wäre besser gewesen Goethe und Schiller hätten sich niemals kennen gelernt. Sie haben sich gegenseitig in ihrer Entwickelung gehindert und gehemmt und ihre Eigentümlichkeit verkürzt. Sie arbeiteten sich gegenseitig in den Gedanken des Ideals hinein, der doch am Ende etwas ganz Allgemeines ist.[1] Schiller nahm das Ausgleichen, Abschwächen und Moderiren an,[2] und wandte

---

1. Aehnlich spricht sich Tieck (Köpke II.240) an anderer Stelle aus : « Das gewöhnliche Ideal ist etwas ganz Allgemeines, eine angebliche Schönheitsidee, die am Ende nur eine Negation ist; und das Idealisiren ist nichts als ein Verwischen des Individuellen, ein Verallgemeinern, sodass zuletzt etwas ganz Leeres übrig bleibt, was dann das Wahre sein soll. *Aber hierin liegt die Poesie nicht, sondern gerade in dem Lebendigen und Individuellen.* Von einer solchen Richtung auf *das Ideal sind auch Goethe und Schiller nicht frei.*»

2. Man denkt dabei unwillkürlich an A. W. Schlegels Epigramm :

« Nie sah man zu der Welt Gedeihen
Sich edle Geister so casteien.
Lass, Publikum, dich's nicht verdriessen !
Du musst die Qual nun mitgeniessen. »

sich unter Goethes Einfluss immer mehr von seinen ältesten, kräftigen Produktionen ab. (Vgl. K. Sch. II. 310.) A. W. Schlegel hingegen behauptet in den Vorlesungen, die philosophischen Studien Schillers hätten seiner Kunst zum Vorteil gereicht, er sei durch dieselben mit einem über seine Zwecke und Mittel wahrhaft aufgeklärten Geiste, zur Dichtung zurückgekehrt. Er wäre mit Entäusserung seiner Persönlichkeit zu wahrhaft objektiven Darstellungen durchgedrungen. Mit jedem Werke hätte er an sichrer, gewandter Meisterschaft zugenommen. Friedrich ist ganz derselben Ansicht. Einige, schreibt er, « sind der Meinung gewesen, das Studium der Philosophie sei Schiller schädlich gewesen, auch für seine Kunst. Die innere Befriedigung eines solchen Geistes muss doch immer als das Erste gelten, und ist wichtiger als alle äussere Kunstübung. Und selbst für die Kunst dürften diese grossen, historischen u. philosophischen Zurüstungen Schillers zu einigen Dramen, eher zu loben als zu tadeln sein. » (Werke II. 315.) Die « leidenschaftliche Rhetorik » Schillers gefällt übrigens Friedrich sehr gut.

Ebenso auffallend gehen die Meinungen der Schlegel und Tiecks auseinander über den « Tell ». In einer sehr gehässigen Stelle gegen Schiller in einem Briefe an Fouqué (Werke VIII. 148) bekennt A. Wilhelm der Tell habe ihn fast mit Schiller ausgesöhnt ; und in den Vorlesungen sagt er, das letzte von Schillers Werken sei auch das vortrefflichste. Ebenso schreibt Friedrich, in der bereits angeführten Rezension von Goethes Werken, Schiller habe « durch sein letztes und vortreffliches Werk Wilhelm Tell alle seine vorigen übertroffen und gekrönt ». Mit direktem Bezug auf diese Urteile schreibt Tieck : « Wenn manche, selbst bedeutende Kritiker dieses Werk für das beste, für die Krone Schillers haben erklären wollen, so kann ich so wenig mit diesem Urteil übereinstimmen, dass ich vielmehr das Schauspiel im Schauspiele vermisse. und dass, wie ich glaube, die ganze Virtuosität und Erfahrung eines gereiften Dichters dazu gehörte, um aus diesen einzelnen Scenen und Bildern, aus diesen Reden und Schilderungen, fast unmöglichen Aufgaben und Begebenheiten, die meist undramatisch sind, scheinbar ein Ganzes zu machen. Wallenstein und Maria Stuart sind Kunstwerke in einem viel höheren Sinne und das Fragmentartige des Tell beweist sich schon darin, dass man ohne Nachteil, vielleicht mit Gewinn den Schluss weglassen und die Scene der Liebe ausstreichen könnte, die durchaus nicht mit dem Tone des Ganzen zusammenklingen will. Dieses Werk ist eben ein Beweis, wie leicht wir Deutschen uns an Gesinnung und Schilderung begnügen. » (IV. 150.)

Dass man nicht im Allgemeinen von einer Schillerkritik der Romantiker sprechen, und noch weniger diese als eine den Dichter grundsätzlich und gehässig herabsetzende bezeichnen kann, tritt wol aus dem Vorhergehenden zur Genüge hervor.

Der *Goethekultus* der Romantiker ist genugsam bekannt. Goethe galt ihnen als der Dichter schlechthin, als die sichtbare Verkörperung der Poesie auf Erden. Novalis nennt ihn den « wahren Statthalter des poetischen Geistes auf Erden », A. W. Schlegel den « Wiederhersteller der Poesie in Deutschland », Fr. Schlegel den « zweiten Dante, den Stifter und das Haupt einer abermals neuen Poesie ». Aus vollem Herzen stimmt Tieck diesem Goethe-Enthusiasmus bei. Der Trinkspruch auf Goethe im Phantasus (Schr. IV.87) lautet: « Wohlauf, er lebe, der Vater und Befreier unsrer Kunst, der edle, deutsche Mann, unser Goethe, auf den wir stolz sein dürfen und um den uns andere Nationen beneiden werden. » Im Garten der Poesie des « Zerbino » ist Goethe einer der « heiligen Vier, die Meister der neuen Kunst ». Die Göttin der Poesie sagt von ihm:

« Ein blumenvoller Hain ist zubereitet
Für jenen Künstler, den die Nachwelt ehrt,

Mit dessen Namen Deutschlands Kunst erwacht,
Der Euch noch viele edle Lieder singt,
Um Euch in's Herz den Glanz der Poesie
Zu strahlen, dass Ihr künftig sie versteht;
Der grosse Britte hofft ihn zu umarmen,
Cervantes sehnt nach ihm sich Tag und Nacht
Und Dante dichtet einen kühnen Gruss,
Dann wandeln diese heil'gen vier, die Meister
Der neuen Kunst, vereint durch dies Gefilde. »
(Schr. X. 280-81.)

Im Vorbericht zur dritten Lieferung von Tiecks Schriften (Schr. XI. LXI) heisst es : « Erst mit Goethe eröffnet sich jene Epoche, in welcher die eigentliche Schule wahrer deutscher Dichtkunst entsteht. » Tiecks Goethe-Verehrung bricht auch oft hervor in seinen Novellen, z. B. im Wassermenschen, in der Sommerreise, im Jungen Tischlermeister. Voll Schwärmerei für Goethe ist « Der Mondsüchtige. » Tieck greift dort die Hervorhebung Schillers Goethe gegenüber an und rügt die Pietätlosigkeit gegen den greisen Dichter. In « Das alte Buch und die Reise in's Blaue » trifft Oberon in stiller Nacht, in feierlicher Einsamkeit den Jüngling Goethe, « setzte sich zu ihm und gab ihm in Umarmungen die höchste Weihe ». In der Schrift « Goethe und seine Zeit », die Bruchstück einer geplanten, umfangreichen Arbeit über Goethe ist, und die Tieck als Vorrede zu den « Gesammelten Schriften von J. M. R. Lenz » herausgab, sucht er darzulegen dass Goethe der *erste, wahre, deutsche Dichter ist ;* in begeistertem Tone versucht er eine jede dieser Goethe zugeschriebenen Eigenschaften zu begründen.

Auch gesteht er hier dass' Shakespeare und Goethe die Mittelpunkte seines gesamten poetischen und wissenschaftlichen Schaffens gewesen : « So vieles mich auch in verschiedenen Zeiten meines Lebens beschäftigt hat, nach so vielen mannigfaltigen Richtungen mich

meine Studien auch geführt haben mögen, so gestehe ich
doch gern, dass zwei Genien mir stets und unter allen
Umständen nahe, innigst befreundet und zu meinem Dasein notwendig blieben. Seit ich zur Erkenntnis meiner
selbst kam, waren Shakespeare und Goethe die Gegenstände meiner Liebe und Betrachtung, und vieles, was
ganz fern zu liegen schien, diente mir doch früher oder
später dazu, diese grossen Erscheinungen und ihre Bedeutung inniger zu verstehen. Wie ich seit vielen Jahren
an einem Werke über den grossen englischen Dichter
arbeite, dessen Herausgabe nur noch durch Zufälle,
Reisen, Krankheiten und andere Arbeiten ist verzögert
worden, so habe ich seit mehr als zwanzig Jahren, früher,
als ähnliche Versuche sich vernehmen liessen, meine
Kräfte an einer Darstellung des deutschen Genius versucht, um ihn mir und andern deutlich zu machen, und
ich hoffe auch, dieses Werk, nach jenem angekündigten,
noch beendigen zu können, um eine Aufgabe zu lösen,
deren Entwickelung mir schon seit lange als Pflicht
erschienen ist. » (K. Sch. II. 173.—74)

Von ihrem Goethekultus sind alle Romantiker, auch
Tieck, später zurückgekommen. Novalis ist es, am Ende
seines Lebens, « wie Schuppen von den Augen gefallen ».
Den Wilhelm Meister, den er früher den « Roman
schlechtweg » genannt hatte, wurde ihm « odiös ».
A.W. Schlegel beschenkte Goethe i. J. 1832, im Musenalmanach von Wendt, mit einer Anzahl beissender Epigramme, deren bekanntestes die « landschaftliche Anpreisung » :

« Als waimerischer Hofboëte
    Erschaint am kreessten unser Keethe »

ist. Friedrich Schlegel fand, nach seiner Conversion,
dass es « dieser verschwenderischen Fülle des mit
Gedanken spielenden Geistes, an einem festen, innern
Mittepunkte fehle », dass Goethe « auch wol ein
deutscher Voltaire genannt werden » könne. (Werke II.
313-14.) Der alte Tieck endlich gestand Köpke dass

Goethe « in seinem geheimrätlichen Alter capriciös, starr und steif, Launen und Einbildungen unterworfen » erscheine. « Je älter er wurde, desto undeutscher wurde er », heisst es ferner in diesem Geständnis. Durch die Auffassung der allgemeinen Gedanken des Geschmacks, der Classicität und des Ideals, sei er bedeutend von seiner ursprünglichen Höhe herabgestiegen. Sein Hofleben, seine Titel, sein Regieren habe ihm viel geschadet; er hätte in der literarischen Welt bleiben sollen, dann würde er sich seinem ursprünglichen Wesen gemässer entwickelt haben. Auch hätte er sich niemals mit den Naturwissenschaften einlassen sollen, für die er keinen Beruf hatte. Es sei tief zu beklagen dass ein so herrlicher Genius so sinken konnte, wie es in Manchem der Fall sei, was er nach seiner italienischen Reise geschrieben. Er verleumde sich selbst, indem er geringschätzig auf die herrlichen Werke seiner Jugend als Barbarei herabsehe. « Ich habe Goethe », so schliesst Tieck sein Gedächtnis, « in seinen Jugenddichtungen unendlich bewundert und bewundere ihn noch ; ich habe so viel zu seinem Lobe gesprochen und geschrieben, dass, wenn ich jetzt so viele unberufene Lobredner höre, ich noch in meinem hohen Alter in Versuchung kommen könnte, zur Abwechslung einmal ein Buch gegen Goethe zu schreiben. Denn darüber wird man sich nicht täuschen können, dass auch er seine Schwächen hat, die die Nachwelt gewiss erkennen wird. Und warum sollte er sie nicht haben ? Ihre Erkenntnis kann ihn uns menschlich nur näher bringen und verständlicher machen. In seinen Schriften wird darum früher oder später eine Scheidung eintreten müssen ; nicht Alles kann gleich gut oder bedeutend sein, und kann von der Nachwelt übernommen werden. Wie viel Gewöhnliches findet sich nicht in den massenhaften Briefwechseln, die man immer noch nicht müde wird herauszugeben, so z. B. in dem mit Zelter. Die übermässige Bewunderung selbst muss notwendig zu einer Aussonderung des Dauernden führen. » (Köpke II. 187-192.)

Der Grundgedanke von Tiecks Goethekritik ist dass der junge Goethe dem späteren antikisirenden bei weitem vorzuziehen sei. Er macht bei Goethe dieselbe Absonderung wie bei Schiller. Er hält sein Leben lang fest an seinem jugendlichen Enthusiasmus für die Dichtungen aus der ersten Periode beider Dichter, und sieht in den späteren der sogenannten Reifezeit einen sich selbst verleugnenden Abfall von der ursprünglichen Kraft und Grösse. In « Goethe und seine Zeit », wo verschiedene Personen, von denen jede einen besonderen Standpunkt einnimmt, über Goethes Dichterwert streiten, gerade wie in den Gesprächen des « Phantasus », wird jeder Streitende gebeten folgende Frage schriftlich zu beantworten : welcher Goethe, ob der jugendliche, reife, ältere und alte ihm am liebsten sei. Bei der Stimmenzählung fand man auf jedem Blättchen geschrieben : « Der jugendliche Dichter, bevor er nach Italien ging — ein paar lauteten : ehe er Frankfurt verliess. » (K. Sch. II.222.) Tieck wird nicht müde diesen Gedanken in den verschiedensten Formen, in besagter Schrift, zu wiederholen. (S. 207. 250. 251. 254. 257. 280.) « Niemals », heisst es u. a. « dürfen wir zugestehen dass Goethe späterhin in seiner Begeisterung, Dichterkraft und Ansicht höher gestanden habe als in seiner Jugend.... Sein Streben nach dem Vielseitigen hat seine Kräfte zersplittert, sein bewusstvolles Umblicken hat ihm Zweifel erregt und auf Zeiten die Begeisterung entfernt. » (S.257.) Noch ausdrücklicher spricht er sich Köpke gegenüber aus : « Wie bei Schiller sind seine ersten Werke zugleich auch seine vollendetsten. Wie liebenswürdig und erhaben zugleich, gross und einzig steht er nicht in seinen Jugenddichtungen da, wie ist er da so ganz echter, wahrer Mensch ! » (S.187.)

 Seiner jugendlichen Begeisterung für den Götz erinnert er sich noch gern in hohem Alter : « An ihm habe ich lesen gelernt und mich zuerst gebildet. Es war mir eine höhere Offenbarung. Hier ist Alles Leben, Kraft und Natur, man nehme welchen Charakter man wolle. » (Köpke II. 188.) Den Charakter eines grossen historischen Schauspiels, leugnet er jedoch dem Götz ab, und tadelt den Mangel an Bühnengerechtigkeit. Dieser sonderbare Mangel habe sich nachher in allen dramatischen Werken Goethes bemerklich gemacht und wol hauptsächlich mit dazu beigetragen, dass das deutsche Theater keinen sicheren Grund habe legen können. (K. Sch. IV. 198.) Den Clarigo schätzt er hoch, besonders weil er « mehr theatralische Wirkung hat, als die übrigen Werke des grossen Dichters. » (III. 129.) An Egmont tadelt er vor allem dass der Schluss « ganz lyrisch ausgeht. » (II. 208.) Iphigenie und Tasso, sind, obschon dichterische Meisterwerke, undramatisch. « Seelenmalerei, trefflicher Dialog und musterhafte Sprache, grosse Gedanken und Begebenheiten, Entwickelung und Zeichnung der Charaktere, alles dieses, nebst glänzenden Schilderungen und meisterhaften Versen machen immer noch kein Bühnenstück. » (IV. 198.) Die natürliche Tochter zeichnet sich allerdings durch hohe Vollendung der Sprache aus, aber es ist eine kalte Pracht. Alles ist verallgemeinert. (Köpke II. 191.) Im Faust finden wir wieder « grosse Scenen, Entwickelung des Gemüts, aber keine Handlung im strengeren Sinne.. Indessen hätte dieser Vorwurf wol nie ein eigentliches Drama werden können. » (II.208.) Das Schönste im Faust liegt schon in den ältesten Fragmenten. Welcher Abstand des zweiten Teiles gegen den ersten? « Er (der zweite Teil) ist mir stets unangenehm gewesen und ich habe mit diesem Allegorisiren und diesen Geheimnissen nie etwas anzufangen gewusst. » (Köpke II. 190.)

Tiecks Gesammturteil über Goethes Dramatik lautet: « Wenn Goethe Alles mehr auf eine unsichtbare, als eine wirkliche Bühne bezieht, wenn es ihm wichtiger ist, die Stimmungen des Gemütes, dessen Verirrungen und die Gefühle des Herzens, die in zarter Wehmut, in Sehnsucht und Liebe, in Freude und Leid rätselhaft spielen und sich gegenseitig durchdringen, mit fester

Hand des reifen Künstlers zu zeichnen, als eine eigentliche Handlung darzustellen, die aus Veranlassungen und dem Zusammentritt verschiedener Gestalten und Charaktere hervorgeht, und immerdar äusserlich sichtbar werden muss, so ist er, wie ich es begreife, weit mehr erzählender Roman- oder Novellendichter als dramatischer. » (K. Sch. II. 208—209.) Prägnanter drückt er seine Meinung in dem Satze aus : Goethes Dramen sind Meisterwerke in Dialog gesetzt, streng genommen, keine ächten dramatischen Gedichte. (IV. 198.)

Tiecks Goethekritik steht an Gründlichkeit und Scharfsinn seiner Schillerkritik nach. Er hat sich nur in « Goethe und seine Zeit » eingehend über Goethe ausgesprochen ; diese Schrift ist einer seiner frühesten kritischen Versuche, obschon sie erst i. J. 1828 veröffentlicht wurde. In den kritischen Werken seiner Reifezeit, streift er Goethe nur vorübergehend.

Je inkonsequenter Tieck der Dichter ist, desto konsequenter ist Tieck der Dramaturg. Die theoretische Grundlage der dramatischen Thätigkeit Goethes ist dieselbe wie die von Schillers Dramatik und Tiecks ablehnender Standpunkt deshalb ganz folgerecht. Goethe geht selbst in seiner antikisirend-idealistischen Kunsttheorie noch viel weiter als Schiller und verwirft Schillers Bestreben zwischen Antikem und Modernem zu vermitteln. Er ist zwar Schillers fortwährender Aufforderung zur ästhetischen Untersuchung der Natur des Dramas nur in sehr geringem Masse nachgekommen ; er begnügt sich zu allen von Schiller entwickelten Anschauungen ja zu sagen und hie und da einen Satz fallen zu lassen, der deutlich zeigt dass er noch radikaler dachte als sein Freund. Auch er ist der Ansicht dass « Alles » im Drama « auf dem Glück der Fabel beruht », dass « alle dramatische Arbeiten (und vielleicht Lustspiel und Farce überhaupt) rythmisch sein sollen », dass die Oper die Krone aller Kunst ist. Mozarts Don Juan, sagt er, erfülle in hohem Grade die Hoffnung, die Schiller in die Oper gesetzt. Die Poetik des Aristoteles begeistert ihn ebenso sehr wie Schiller : er findet dort « den Verstand in seiner höchsten Erscheinung. » Er « steht gegen die neuere Kunst, wie Julian gegen das Christentum. » Bei der Aufführung der Braut von Messina, soll er, wie uns Schiller mitteilt, zum erstenmale den Eindruck einer wahren Tragödie bekommen haben, der theatralische Boden wäre, seiner Meinung nach, durch diese Erscheinung zu etwas Höherem eingeweiht worden.[1] Aus blosser Abneigung gegen die moderne Kunst, liess er die antikisirenden Stümperwerke der Schlegel mit grossem Pomp auf der Weimarer Bühne aufführen. Die Weimarer Bühne ward unter seiner Leitung der getreueste Ausdruck dieses unnatürlichen, alle historische Entwickelung verleugnenden Strebens. Der französischen Tragödie nimmt er sich denn auch konsequent auf das Angelegentlichste an. Wie Schiller Racines Phädra, so bearbeitet er Voltaires Mahomet und Tankred: Der Riese Shakespeare muss es sich gefallen lassen von ihm und Schiller verhunzt zu werden.[2] Hamlet und Lear nennt er « barbarische Avantagen (!) » entstanden aus der Berührung des « Ungeheuren mit dem Abgeschmackten ». Die moderne Kunst, meint er, wird « die antiken Vorteile » wol niemals erreichen können. Demgemäs wirft er sich in den von ihm begründeten Zeitschriften « Die Propyläen » und « Kunst und Altertum » als Verteidiger eines steifen, akademischen Klassizismus auf, welcher in der Nachahmung griechischer Plastik den Höhepunkt aller Kunst erblickte. Seine Preisaufgaben

---

1. Dafür spendete Schiller der Natürlichen Tochter folgendes Lob : « Die hohe Symbolik, mit der Goethe den Stoff behandelt hat, so dass alles Stoffartige vertilgt und alles nur Glied eines idealen Ganzen ist, dies ist wirklich bewunderswert. Es ist ganz Kunst und ergreift dabei die innerste Natur durch die Kraft der Wahrheit. »

1. « Was ihr Fremdes verdeutscht, Shakespeare, Euripides, Maro, Voltaire oder Racine, Alles gepfuschertes Werk. »
A. W. Schlegel. Werke II. 206.

schöpfte er aus der antiken Mythologie und trieb die
Künstler zum Allegorisiren und Symbolisiren an. So
endete der begeisterte Lobredner Shakespeares und der
mittelalterlichen Baukunst.

In vollständigem Gegensatze zu Tiecks Ansicht über
Goethes Entwickelungsgang, steht die der Schlegel. Wie
sie Schillers Jugenddramen roh und wild nannten, so
galten ihnen Goethes erste Dichtungen « weniger als
Kunstwerke, denn als Protestationen gegen die conventionelle Theorie, als Verteidigungen der Natur gegen die
Eingriffe der Verkünstelung. » Der junge Goethe, behauptet A. Wilhelm, war in Missverständnissen befangen,
und hat auch andere irre geleitet. Er hat durch diese
Verkennung der Kunst hindurch gemusst, um bei vollendeter Reife zu ihrer reinsten Ansicht durchzudringen.
(Charakteristiken und Kritiken I. 6. Europa II. 1. 94 ;
vgl. Werke VIII. 143 f.). — Goethe, urteilt Friedrich
im « Gespräch über Poesie », « hat sich in seiner langen
Laufbahn von solchen Ergiessungen des ersten Feuers,
wie sie in einer teils noch rohen, teils schon verbildeten
Zeit, überall von Prosa und von falschen Tendenzen umgeben, nur immer möglich waren, zu einer Höhe der
Kunst heraufgearbeitet, welche zum erstenmal die ganze
Poesie der Alten und der Modernen umfasst, und den
Keim eines unbeschränkten Fortschreitens zur höchsten
Stufe der Vollkommenheit enthält. » (Werke V. 311—12.)


Dass die derbe Natürlichkeit der *Stürmer- und
Dränger* Tieck, bei seiner Vorliebe für die jugendlichen
Kraftprodukte Goethes und Schillers, zusagen musste,
ist leicht begreiflich. Er beabsichtigte, wie er Köpke
mitteilt, eine Sammlung von Dramen aus der Sturm- und
Drangperiode zu veranstalten. Dieselbe « würde ein
Spiegel des deutschen Geistes sein und uns die Stimmung
der Zeit lebendig vergegenwärtigen. » Alle jene Dramen,
heisst es ferner in den « Unterhaltungen » (S. 199) « tra-

gen den Stempel des deutschen Geistes, und würden eine gute Grundlage zu einem deutschen Nationaltheater geworden sein, wozu überhaupt in jener Zeit mehr Aussicht war, als seitdem jemals wieder. » In diesen Dramen seien die ursprünglichsten und eigentümlichsten Seiten des deutschen Charakters mit neuer Stärke hervorgetreten, das Naturleben, der Sinn für das Individuelle, obschon bis zur Isolirung und zum Sonderbaren getrieben, das Streben nach Unabhängigkeit, Derbheit, die zum Trotze werde, ein unleugbar demokratischer Zug, sprächen sich dort oft in der stärksten Weise aus. Als der bedeutendste « aus dem Kreise, der sich in Strassburg um Goethe gesammelt hatte, » erscheint Tieck *Lenz*. Er hat Lenz durch die Herausgabe seiner « Gesammelten Schriften » in 3 Bänden, Berlin 1828, der Vergessenheit entrissen. Diese Ausgabe, wie flüchtig sie auch besorgt, da echtes wie z. B. der « Waldbruder » fehlt, und unechtes wie Klingers « Leidendes Weib » aufgenommen ist, ist bis heute die einzige Gesamtausgabe geblieben. Bedeutenden Anteil hatte Tieck auch an der Herausgabe von *Maler Müllers* Werken, die i. J. 1811 in Heidelberg erschien und auch die einzige geblieben ist. Die Ordnung und Sichtung des Stoffes hat er fast allein besorgt und dann die Redaktion Friedrich Batt überlassen. Er nennt die poetischen Versuche Maler Müllers « sehr bedeutend » und spricht die Ueberzeugung aus, dass er, wenn er in Deutschland geblieben, eine grosse Rolle als Dichter gespielt hätte. (K. Sch. II. 245.) *Klinger* steht, seiner Meinung nach, an Talent entschieden hinter Lenz zurück. « Die Zwillinge » seien trefflich und voll tragischer Gewalt, die späteren Tragödien blieben weit dahinter zurück. (Köpke II. 201.)

Ein noch weit bedeutenderes Verdienst als durch die Herausgabe dieser Stürmer - und Dränger, erwarb sich Tieck durch seine Ausgabe der Werke von *H. von*

*Kleist.* Seine « Hinterlassenen Schriften von H. von Kleist » Berlin 1821, enthalten den ersten Druck der Hermannsschlacht und des Prinzen von Homburg. Er hat dadurch zwei der besten geschichtlichen Dramen der deutschen Literatur dem Untergang entrissen. Seine Vorrede zu dieser Ausgabe ist der erste Versuch die Bedeutung dieses grossartigen dramatischen Talentes ins rechte Licht zu stellen. Sein Urteil über H. von Kleist ist bis heute unangetastet geblieben. I. J. 1826 gab er Kleists « Gesammelte Schriften » in 3 Bänden heraus, denen i. J. 1846 eine vierbändige ausgewählte Ausgabe folgte. Die Vorrede zu der ersten Ausgabe ist in beiden letzteren mit geringen Aenderungen wiederholt und dann in die Kritischen Schriften übergegangen. (II. 3-58.) Tiecks Sympathie für H. von Kleist ist leicht erklärlich, da Kleist von allen deutschen Dramatikern dem Tieckschen Ideal des Dramas am nächsten gekommen ist. H. von Kleist stellte sich in bewusstem Gegensatz zum antik-klassischen Drama Goethes und Schillers. Er ist der erste grosse Vertreter des germanischen Charakterdramas. Keiner seiner Vorgänger ist so tief in das verborgenste Getriebe der Seele eingedrungen wie er. Wahrheitsgetreue Realistik in der Charakterisirung und in der Sprache zeichnen sein dramatisches Schaffen aus. Sein Stil ist ganz eigentümlich, gleichweit entfernt von dem krassen Naturalismus der blinden Nachahmer Shakespeares, wie von dem Idealismus Goethes und Schillers. Seine Sprache besitzt den funkelnden Glanz und den fortreissenden Schwung von Schillers Rhetorik, ohne deren Zerflossenheit und ohne deren das Charakteristische wegwischenden Ebenmässigkeit. Diese Sprache ist eine sonderbare Mischung von Kunst und Natur, von Schönheit und Wahrheit, von Musik und Härte. Die Grossartigkeit seines dramatischen Könnens hat er am glänzendsten in der, selbst von seinen begeisterten Bewunderern allzu wenig beachteten « Penthesilea » bekundet. Eine solche Kraft der dramatischen Gestaltung, eine solche Glut der Leidenschaft, eine solch geniale psychologische Motivirung, eine solche Sprachgewalt ist von keinem seiner Vorgänger erreicht worden. Sein Lustspiel « Der Zerbrochene Krug » nennt Tieck mit Recht « ein wahrhaftes Meisterwerk in der Komik ». Es überragt turmhoch Alles was bis dahin in dieser Gattung geleistet worden war, und ist bis heute eins der besten Charakterlustspiele realistischer Tendenz der deutschen Literatur geblieben.

Seine Thätigkeit als Dramaturg am Dresdener Theater begann Tieck höchst charakteristisch, indem er den « Prinz von Homburg » zur Aufführung brachte. Es war dies bei der ungünstigen Beurteilung die dieses Drama bei der zeitgenössischen Kritik gefunden, ein gewagtes Unternehmen. Das Jammern und Flehen des Prinzen im Angesichte des Todes erregte allgemeinen Anstoss. Seine Furcht vor dem Tode wurde als Feigheit gescholten. Man erwartete einen kraftstrotzenden Phrasenhelden, eine verkörperte Abstraction des Heldentums, und fand nur einen individuell, tief und wahr gezeichneten Menschen, der sich, vor dem Tode — nicht dem auf dem Schlachtfelde, sondern dem auf dem Schaffot — scheute. Das stiess so sehr gegen die gemeine Auffassung des Heldentums an, dass Tieck, den Durchfall des Stückes befürchtend, für ratsam befand das Publikum auf die bevorstehende Aufführung vorzubereiten. Der diesbezügliche Aufsatz eröffnet die dramaturgischen Blätter. (K. Sch. III. 5.) Das Publikum, bemerkt Tieck mit feiner Ironie, habe sich, hauptsächlich durch die sentimentalen Familiengemälde der Iffland und Genossen dahin bringen lassen, gewisse Tugenden und Gesinnungen der Aufopferung, Grossmut, Freigebigkeit u. s. w. an und für sich, ohne weitere Veranlassung, als notwendig und unerlässlich bei den sogenannten Helden eines Dramas anzusehen. Die hochherzigsten, grossmütigsten Empfindungen würden bei jeder Gelegenheit willkürlich angeschlagen, und der Zuschauer überlasse sich dabei, ohne Kritik, der Rührung. Vor allem aber verlange man von einem jungen Helden, Liebe, und Verachtung der Gefahr und des Lebens. Man frage nicht darnach ob es immer der Natur gemäs sei, so zu empfinden, ob ein aufrichtiges Bewusstsein, ob die Erfahrung diesen einmal angenommenen Rausch der Grossmut in allen Lagen des Lebens bestätige ; man halte es ebenso unerlässlich, wie die Jugend des Liebenden und die Schönheit der Geliebten. Nach diesen allgemeinen Bemerkungen führt Tieck aus, wie die Todesfurcht des Prinzen durch seine leidenschaftliche Aufregung und sein traumähnliches Leben begründet und gerechtfertigt werde. — Tieck nennt Kleist, eben der hier in Betracht kommenden Scene wegen, einen echten Dichter, der sehr ernste und mühsame Studien nach der Natur gemacht, und keine Nebelgebilde statt der Wirklichkeit unterschiebe. Der Charakter des Kurfürsten sei ein Meisterwerk ; für dieses treffliche Portrait allein müsse das Vaterland dem Dichter dankbar sein ; so meisterhaft sei der Fürstencharakter noch nie gezeichnet worden. Der «Prinz von Homburg» sei überhaupt eins der trefflichsten und nationalsten Dramen der deutschen Literatur. «Käthchen von Heilbronn » bezeichnet Tieck als ein echtes Volksschauspiel, von einer Kraft und Innigkeit wie die Deutschen kein anderes besässen. Hier trete jedoch, der Hauptfehler Kleists, nämlich die 'Lust über Natur und Wahrheit hinaus in eine fremde, wunderbare Welt zu gehen, am störendsten hervor. Den Bearbeitern dieses Dramas hat Tieck von vornherein kein Glück prophezeit: « Es dürfte eine gewagte Unternehmung sein, diesen wunderbaren, duftigen Strauss neu zu ordnen und zu binden, ohne etwas von dem zarten Blumenstaub zu verwischen oder den frischen Morgentau zu verschütten. » (K. Sch. III. 84.) Wie manches Tieck auch an der «Hermannsschlacht» auszusetzen hat, so lobt er doch den Dichter dass er die Forderungen derjenigen, « welche die Vorzeit in einem gewissen vornehmen Gewande erblicken wollen, oder in einem dichten Nebel von ruhmrediger Tapferkeit, phrasensprechender Liebe, süsslicher Frömmigkeit und Sentimentalität » (II. 43) nicht im geringsten berücksichtigt hat. Er verteidigt somit das realistische

Element in diesem Drama. Ueber « Die Familie Schroffenstein » macht Tieck die seitdem oft wiederholte Bemerkung, dass die deutsche Literatur kein zweites Gedicht besässe, in welchem das Schöne und Verständige so unmittelbar im Kampfe mit dem Unmöglichen und Widersinnigen sich befinde. Für das Talent des Charakteristikers Kleist, das sich schon hier in den Figuren der Liebenden so glänzend bewährt, hat Tieck ein gutes Auge. « Am eigentümlichsten hat Kleist die Gestalten seiner Liebenden genommen, er ist hier der Theaterkonvenienz und den hergebrachten süssen Phrasen oder gewöhnlichen kaltleidenschaftlichen Aufwallungen am meisten ungetreu geworden. Diese Figuren haben alle eine herbe Frische, aus ihrer scheinbaren Alltäglichkeit spricht das tiefste Herz. In diesen Schilderungen Kleists ist etwas so Originelles, ganz neu Erschaffenes. » (IV. 27.) Den bizarren Plan und den Charakter der « Penthesilea », sagt Tieck, konnte nur ein wahrhaft dichterisches Gemüt fassen und entwerfen, und nur Kleists Energie konnte den Mut und die Ausdauer behalten, dieses seltsame Ungeheuer mit so vielem Schmuck echter Poesie, mit solchen Zügen grosser und schöner Menschlichkeit auszustatten. Zuerst hat Tieck die Aufmerksamkeit gelenkt auf den Glanz und die Vollendung der Schilderungen, auf die Kühnheit der Bilder und Gleichnisse in der Penthesilea, auf den grossartigen poetischen Reichtum den der Dichter hier entfaltet. Bei allem, was sich diesem Werke mit Recht vorwerfen lasse, könnte seine Armut noch manchen der neueren Dichter reich machen. (II. 38—39.)

Die Eigentümlichkeit der Kleistschen Sprache ist auch zuerst von Tieck ganz treffend auseinandergesetzt worden. Schon in den Schroffensteinern trete die Eigenart seiner Sprechweise klar hervor. Kleist vermeide alles Schwankende und Unbestimmte und greife lieber zu Provinzialismen und hie und da gemeinen Ausdrücken, um nur nicht in die vornehme Unbedeutendheit und scheinbare Anmut und Würde zu verfallen. Man müsse Kleists Streben nach Charakteristik auch in der Sprache desto mehr bewundern, wenn man seine Redeweise vergleiche mit der so mancher neueren Stücke, wo Alles so mit Blümeleien und ausgesponnenen Metaphern überschüttet werde, dass für Handlung und Charakter kaum mehr Raum übrig bleibe. (II. 35. III. 17.) Prophetisch klingen die Worte Tiecks, womit er seine « vorbereitende » Besprechung des Prinzen von Homburg beschliesst : « Nach seinem Tode wird ein ausgezeichneter Schriftsteller immer mehr gewürdigt werden, der so lange er lebte, verkannt, und selbst in seinem Vaterlande nicht so beachtet wurde, wie er es verdiente. » (III. 11.)

Je grösser Tiecks Verehrung für den Vertreter des poetischen Realismus Kleist ist, desto geringer ist seine Achtung für den ausgesprochensten Vertreter des Idealismus, *Th. Körner*. Körner ist als Mensch und Dichter der gerade Gegensatz zu Kleist. Der Dramatiker Körner ist überdies ein Nachahmer Schillers, bei welchem, wie bei allen Nachahmern, die Mängel des Vorbildes noch greller hervortreten. Das war mehr als genug um ihm eine strenge Verurteilung von Seiten Tiecks zuzuziehen. Die Begeisterung welche Körners Heldentod erweckt, behauptet Tieck, hat eine übertriebene Verehrung seiner Dichterwerke mit sich gebracht : « Eine unparteiische Kritik wird eingestehen müssen, dass er durch seine jugendlichen Proben einen Beruf für dramatische Kunst noch nicht beurkundet hat. Er arbeitete leicht und hielt, wie viele Jünglinge, diese Leichtigkeit für Talent. Er ist ein schwacher Nachahmer Schillers, in dessen Tiefe er wol schwerlich gedrungen ist, denn seine Aufgaben, die er sich setzte, sind entweder unbedeutend, oder verraten, wenn sie Grösseres beabsichtigen, nur geringes Studium. Er hat damals die Stimmung der Welt in seine Produktionen mit hineinsprechen lassen, und so erfolgreich dies ist, um augenblickliche Begeisterung und heftigen Beifall zu gewinnen, um so gefährlicher fällt der Versuch aus, wenn die nämlichen Werke noch nach späteren Jahren fortwirken sollen.» (K. Sch. III. 95.) Dieses Urteil ist massgebend geworden, und findet sich bei allen Geschichtsschreibern der deutschen Literatur wieder. Wie viel Wahres es auch enthält, so scheint mir doch die Behauptung Th. Körner habe, in dem was er uns hinterlassen, keinen Beruf für dramatische Kunst beurkundet, allzu gewagt. Dramatische Gestaltungskraft und technische Gewandtheit können ihm nicht abgesprochen werden und dass er durch seine Werke, wie unreif und in falscher Richtung befangen sie auch sein mögen, seine Unfähigkeit bewiesen habe, sich zu grösserer Vertiefung und Selbstständigkeit emporzuarbeiten, ist doch wol nicht so offenbar.[1]

Scharf aber treffend ist Tiecks Kritik der Körnerschen «Toni» im Vergleich zu ihrer Quelle, «Die Verlobung in St. Domingo» von Kleist. Scharfsinnig zeigt Tieck wie Körner alle feine und kühne Züge der Kleistschen Charakteristik abgeschwächt, aus dem wilden Mestizenmädchen, «deren edler Sinn aus angewöhnter Verruchtheit zum Menschlichen und Hohen auf eine sehr natürliche Weise geweckt wird, gleich beim ersten Auftreten ein sogenanntes edles Mädchen unseres Theaters» gemacht hat. Körners «Toni» ist in der That eine armselige dramatische Verballhornung der meisterhaften Novelle H. von Kleists und recht dazu geeignet den Gegensatz nicht nur beider Dichter, sondern des Realismus und Idealismus überhaupt in ein helles Licht zu setzen.

---

1. Vgl. H. Bischoff: Th. Körners «Zriny» nebst einer allgemeinen Uebersicht über Th. Körner als Dramatiker. Leipzig. 1891.

Ebenso zuwider wie die stilvolle Ueberschwenglichkeit Körners war Tieck die platte und falsche Natürlichkeit eines *Iffland* und *Kotzebue*. Niemand hat Iffland und Kotzebue heftiger angegriffen und erbitterter verfolgt wie Tieck. Er spricht von ihnen fast nur im Tone der beissendsten Ironie. Die Polemik gegen sie durchzieht nicht nur seine gesamte kritische, sondern auch dichterische Thätigkeit. Die satirischen Märchenkomödien strotzen von Ausfällen, die Pointe des « Gestiefelten Katers » ist gegen sie gerichtet. Fast unbemerkt geblieben ist die köstliche Satire des dreiundzwanzigjährigen Tieck im achten Kapitel der « Denkwürdigen Geschichtschronik der Schildbürger », wo vom Theater der Schildbürger die Rede ist. Die hauptsächlichsten Dichter der Schildbürger sind Augustus (A. W. Iffland) und Hans Knopfmacher (Kotzebue). Die Schildbürger, d. h. das für die bürgerlichen, moralischen Rührstücke Ifflands begeisterte Publikum, « waren eine so edelmütige Nation, dass sie ihre Schaubühne zu nichts Anderm brauchen wollten, als nur zu einem Anhange des Lazareths, um sich darin zu bessern. Sie sahen ein, dass sie viele Fehler an sich hatten, und deshalb gingen sie in's Theater, um sich davon zu reinigen. Das Schauspiel war also nicht etwa nur ein Spiel der Phantasie, oder ein Ort, wo man die Zeit mit angenehmen Possen hinbrachte, sondern eine wahre Schule der Sitten. Die Schildbürger nahmen es auch so genau, dass sie die Stücke gar nicht ausstehen konnten, in denen sie etwa unverhofterweise hätten lachen müssen ; ja es ging so weit, dass sie selbst das Marionettentheater verabscheuten, das sich dort etabliren wollte : nicht etwa deswegen, weil die Marionetten sich vielleicht nicht mit dem besten Geschmack vertrugen, sondern sie erduldeten es deswegen nicht, weil diese unvernünftigen Puppen sich unterstanden, alberne Possen vorzubringen, und nicht edelmütig dachten und empfanden ; sie sahen daher ein, dass ein weichgeschaffener Mensch unmöglich mit diesen hölzernen Geschöpfen sympathisiren könnte, und deshalb untersagten sie dieses Schauspiel.

Mit eben dem Rechte, mit dem sie das Lustspiel verabscheuten, verfolgten sie auch das eigentliche Trauerspiel. Sie bekümmerten sich nichts darum, ob ein König sein Reich verlor und er im Elend verschmachten musste, denn sie sahen ganz richtig ein, dass sie hier nicht mitfühlen könnten, weil sie keine Könige wären. Sie verstanden es nur, wenn einer unter ihnen Schulden hatte, oder einen Sohn, der lieber Geld verzehrte, als verdiente; hier waren ihre Herzen diesen tragischen Eindrücken offen, und die edlen Thränen ergossen sich haufenweise; besonders aber, wenn der grossmütige, wackere, arbeitsame *Hans*, die zarte, gutfühlende, liebeatmende *Grete* in den ersten Akten nicht heiraten konnte, so wussten sich die grossmütigen Zuschauer vor Mitgefühl nicht zu lassen, so dass man Beispiele hat, dass Einige in Ohnmacht gefallen sind, Andere zu den gebrannten Wassern ihre Zuflucht haben nehmen müssen, um vor den grossen Eindrücken nur nicht gar zu Grunde zu gehen . . . . Die Vernunft und das Herz der Schildbürger war in ihren Theatern sehr gut aufgehoben, denn man lehrte sie hier durch abschreckende Beispiele, wie Keiner falsche Testamente machen oder nach Italien reisen sollte, wie es ungerecht sey, zu stehlen, oder auch im Gegenteil nicht zu heiraten; das achte Gebot der Verläumdung ward auch durchgenommen, so wie man in einem andern Stücke die Einwohner um Gotteswillen bat, doch ja nicht zu witzig zu seyn, denn es könne wol gar nach Algier in die Sklaverei führen.» (Schr.IX.54-56.)

Der hauptsächlichste, am meisten vergötterte Dichter, der sich in dieser blühenden Periode um die Nation verdient gemacht, hiess *Augustus*. Er besonders hat den vorhin geschilderten Geschmack veranlasst. « Ihm hatten die Schildbürger die schöne Erfindung zu danken, dass gegen Ende der Stücke ein edler Mann auftrat, der Schulden bezahlte, und der jedesmal die einzige Ursach war, dass die Zuschauer mit ziemlich leichtem Herzen nach Hause gehen konnten. Er soll der Erste gewesen seyn, der öffentlich vor Witz gewarnt hat, und durch sein eigenes Beispiel bewiesen, dass man ihn am bequemsten vermeiden könne. Er soll auch die Präsidenten und vornehmen Bösewichter erfunden haben, an denen der Tugend zum Besten Exempel statuirt wurden, so dass die Biederkeit mit Recht den Sieg davontrug. Dieser grosse Mann schrieb sehr viel, und erschöpfte sich doch nie, denn er wusste einen einzigen trivialen Satz geschickter als der beste Musikus zu variiren. » (S.56-57.)

Der zweite grosse Dichter der Schildbürger ist *Hans Knopfmacher*. « Er war der Erste, der in seinen Stücken die damals neue Maske der ehrlichen, fast zu tugendhaften Huren erfand. Diese Vorstellungen besserten die Schildbürger ganz ungemein, und Mädchen und Weiber bildeten sich nach diesen zarten Charakteren. Er liebte es sehr, wenn seine Stücke keinen Zusammenhang hatten; was Einige an ihm haben tadeln wollen. Sonst war er noch wegen einer anderen Eigentümlichkeit merkwürdig. So wie manche indianische Zeuge einen roten Flecken als Zeichen der Aechtheit haben, so konnte man seine Stücke gewöhnlich an einem Mohren oder Araber kennen, den er geschickt in die Handlung hineinzuflechten wusste. » (S. 57.)

Wie A. W. Schlegel stellte auch Tieck die Richtung von Iffland und Kotzebue als das Extrem des Diderot'schen Prinzips der Natürlichkeit hin. Aus Diderots Missverständnis der Bühne, sagt er, habe sich diese Zwittergattung des Dramas bei den Deutschen verbreitet, die von allem Sinn für Kunst und Schauspiel entblösst sei, und die narkotisch betäubend auf das deutsche Publikum gewirkt habe. Im Gegensatz zu Bernhardi stellt Tieck jedoch Iffland höher als Kotzebue; hiervon abgesehen, stimmt sein Urteil über diese « Kleingemälde mit falscher Sentimentalität und schwächlichen Schilderungen

menschlichen Elends und verächtlicher Erbärmlichkeit, »
(K. Sch. III. XI) mit dem der Romantiker überein.

Ungerächt liessen Iffland und Kotzebue Tiecks heftige Polemik nicht vorübergehen. Der Erstere rächte sich, indem er das von gemeinen Schmähungen gegen Tieck angefüllte Lustspiel « Das Chamäleon » von H. Beck auf die Berliner Bühne brachte; der Letztere, indem er die Paradescene im « Zerbino » Friedrich-Wilhelm III vorlas, mit der Andeutung dieselbe sei auf ihn, den König, gemünzt. Beider Rache war gemein und Beiden leuchtete Tieck gründlich heim, Iffland, in den « Bemerkungen über Parteilichkeit, Dummheit und Bosheit » (N. Sch. II. 35), Kotzebue im Vorbericht zum 6$^{ten}$ Bande seiner Schriften. (S. XXXVI.)

Ebenso streng als mit Kotzebue geht Tieck mit seinem Nachahmer *Clauren* ins Gericht, dessen Lustspiel « Der Bräutigam aus Mexiko », er grausam zerzaust. (K. Sch. III. 202.)

Je strenger Tieck gegen Iffland und Kotzebue ist, desto nachsichtiger ist er ihrem Vorläufer *Schröder* gegenüber. Tieck übertrug etwas von seiner Vorliebe für den grossen Schauspieler, der Shakespeare auf der deutschen Bühne einbürgerte und eine auf Naturwahrheit beruhende Schule der deutschen Schauspielkunst schuf, auf den Dramatiker. Tieck stellt diesen viel höher als Iffland und Kotzebue. Wol ist Schröder ebenso frei von der Ifflandschen Sentimentalität, wie von der Kotzebueschen Frivolität; er ist ein geschickter Bearbeiter einer Menge ausländischer, besonders englischer Stücke; dass er aber in seinen wenigen Originalstücken ein bedeutend grösseres Talent als Iffland und Kotzebue an den Tag lege, habe ich nicht einsehen können. Tiecks Einleitung zu der ersten und einzigen Ausgabe von Schröders dramatischen Werken von E. von Bülow, ist eine interessante Geschichte des bürgerlichen Dramas und der Schauspielkunst in Deutschland. Tieck verteidigt die Gattung des bürgerlichen Schauspiels gegen die Kritik der Franzosen, die dieselbe ja bekanntlich, als mit der echten Poesie des Dramas unvereinbar, hingestellt hatte. Die Deutschen, sagt er, seien nicht zu tadeln, dass sie diese Art und Weise ausbildeten, sondern dass sie dieselbe eine Zeit lang zur herrschenden machten und alle andere Gattungen von ihr verdrängen liessen ; bedauernswert sei es auch dass schwache Dichter diese Vorliebe benutzten, um mit ihren kleinen Gemälden des häuslichen Lebens, gegen alle höhere Bestrebungen der Zeit, Wissenschaft und Poesie zu kämpfen. (K. Sch. II. 338.) — Die Menge gewöhnte sich so an die nächste scheinbare Wahrheit, an die dürre Verzerrung des Lebens, dass die Sehnsucht nach Poesie fast erloschen schien. Die durch Goethes Götz hervorgerufenen Ritterstücke waren auch nicht geeignet diese Sehnsucht neu zu beleben. Die Schilderung des Hausstandes, der ritterlichen, bürgerlichen Schlichtheit, die im Götz zum Besten und Reizendsten des herrlichen Werkes gehört, war ein notwendiges Requisit des Ritterdramas ; insofern hängt es mit dem bürgerlichen Schauspiel zusammen. « Eine Menge ungezogener Gesellen, die sich für Helden und Freiheitskämpfer ausgaben, liefen rasselnd und schreiend über die Bretter. Die Begebenheit, Kampf, Fehde, Verteidigung des Guten, Verfolgung böser Fürsten gab sich von selbst, die Rittersprache war so leicht nachzumachen, die Ausdrücke der Genies, die sich dem Herkömmlichen und Regelrechten widersetzt hatten, waren wohlfeil zu kaufen und noch leichter zu überbieten, sodass eine Menge von Missgeburten sich drängten, und der Besonnene ängstlich nach dem Alexandriner und den Conventionen um Hülfe ausschaute, um nur von dieser zu natürlichen Natur nicht belästigt zu werden. » (II. 339—40.) Die roh aus dem Leben aufgegriffenen Bilder der bürgerlichen Dramen, hätten noch den Nachteil, dass sie die Schauspielkunst fast überflüssig machten, und den Zuschauer gewöhnten, nur das Natürliche, Unbedeutende, ohne weiteren Zusammenhang mit der Kunst, gern zu ergreifen, und die grobe Täuschung für die wahre und echte zu nehmen. (III. XI.)

Wie sehr Tieck auch immer auf die Veredelung und Hebung der Bühne durch die Darstellung klassischer Meisterwerke drang, so gab der praktische Dramaturg doch zu, dass unsere moderne Bühne, die täglich spielen und unterhalten soll, auch mittelmässiger Literatur bedarf d. h. « neben den Schauspielen, die zur Poesie und Literatur gehören, auch andere, glücklich erfundene, welche die Kritik nicht zu Dichterwerken rechnen kann.» (III. 101.) Solche, für den alltäglichen Gebrauch der Bühne geeignete Stücke habe Schröder geliefert, und sie gehörten zum Besten was diese Gattung aufzuweisen habe. Könne man ihn nicht, im strengeren Sinne, einen Dichter nennen, so sei er doch ohne Zweifel einer der glücklichsten Autoren für die Bühne. (III. 101.)

Fast dasselbe Urteil fällt Tieck über *Lessing*, obschon er sich ausdrücklich dagegen verwahrt, Lessing und Schröder auf eine Linie stellen zu wollen. Lessing, behauptet er, steht obenan unter denen, die am edelsten für die Bühne gearbeitet haben, ohne im eigentlichen Sinne Poeten zu sein. (II. 354.) Lessing, dem geistreichsten Kopfe seiner Zeit, sei die grosse Ironie begegnet, dass er, der mit so edlem Eifer das Verschrobene einrichten und das Alberne zerstören wollte, eigentlich der Erfinder und Einrichter des häuslichen, natürlichen, empfindsamen, kleinlichen und durchaus untheatralischen Theaters werden musste. Sein tiefer Geist, indem er die deutsche Bühne vom Alexandriner, Gottsched und der französischen Tragödie auf immer befreite, habe zugleich, von Diderot begeistert, den Irrtum veranlasst, die Natur als solche darzustellen. Er selbst habe recht gut gewusst, was er wollte und suchte, aber die ihm nachsprechende und ihn nachahmende Menge, sei dennoch in das Triviale verfallen, um nur dem Gekünstelten und Schwülstigen aus dem Wege zu gehen. Eine wunderliche Verknüpfung von Missverständnissen habe es sogar veranlasst, dass der Name Lessing auf lange das Feldgeschrei anderer Gottschedianer geworden sei, wenn sie gegen das Mächtige und Ueberirdische in Poesie, Wissenschaft und Philosophie zu Felde gezogen. (IV. 166.)

In seinem köstlichen Fastnachts-Schwank « Der Autor », persiflirt Tieck diese « anderen Gottschedianer », d. h. die Aufklärer in der Figur des « alten Mannes », (Nicolai) der dem Autor den Rat gibt, fein gründlich und doch verständlich zu schreiben, auf ebnen Strassen, trefflich in der Mitte zu bleiben, das wilde dichterische Feuer zu bezähmen, — der im Innern nichts als den Magen spürt, die Phantasie ein Unding und die Dichter schlechte Gesellen schilt, die besser bei Fabriken anzustellen wären, und sich schliesslich auf Lessing beruft :

« O könnte nur Lessing wiederkehren,
Der zeigte den Leuten, wie dumm sie wären,
Und sie mich recht müssten verehren. »

Darauf erscheint Lessing durch das Dach in einer Wolke, und lässt eine derbe Strafpredigt gegen die Aufklärer los, die unter seiner Fahne, und mit fortwährender Berufung auf seinen Namen, alle wahre Poesie und jedwede Begeisterung bekämpften und die philisterhafte Nüchternheit auf den Thron hoben.[1] Der « alte Mann » kann

---

1. « Verschont doch meinen guten Namen
Nie war ich eine Krücke für die Lahmen
Nie ein Esel für die Zahmen.
. . . . . . . . . . .
Ihr aber, die ihr weder zweifelt noch glaubt,
Nicht selber denkt und andere nicht versteht
Dass ihr so schändlich mit meinem Namen umgeht
Das erregt mir noch oben meinen Zorn,
Ist mir in der besten Seligkeit ein Dorn.

nicht begreifen wie Lessing ihn und seine Sippe so arg
verfolgen könne, sie, die ihn wie Keiner gepriesen, und
den Leuten so umständlich die Schönheit und Trefflichkeit
seiner dramatischen Gedichte bewiesen hätten. Darauf
antwortet Lessing mit folgender trefflichen, poetischen
Paraphrase seines berühmten Selbstbekenntnisses am
Schlusse der Dramaturgie :

> « Ich hatte immer ein heimlich Gelüst
> Die Schöne der Poesie zu lieben,
> Doch wollte sie mir ihren Genuss nicht gönnen,
> Drum durft' ich die Holde niemals erkennen.
> . . . . . . . . . . . . . .
> Ich wollte, wie vieles, die Poesie verkünden,
> Ich wusste, sie musste sich bald entzünden,
> Drum tauft' ich mit Wasser und Verstand
> Einige Wesen, Schauspiele genannt. »

> Die ihr nicht kriegen könnt, haltet Friede,
> In der Dummheit Namen, seid ihr's nicht müde,
> Das alte Spiegelfechten fortzuführen,
> Bei jedem Quark meinen Namen zu zitiren ?
> Ihr behauptet kein noch so dummes Ding,
> Keine Albernheit sei sie noch so gering,
> So wird die Schwerfälligkeit selber flink
> Und schreit : gerade so meint es Lessing !
> Ihr Unmeiner, nein, ihr seid nicht die Meinen,
> Nun ich todt bin, denkt ihr, ihr könnt es mir bieten,
> Ich kann nicht mehr bejahn, nicht verneinen :
> Nun soll ich als eure Fahne erscheinen,
> Euer Feldgeschrei im pöbelhaften Wüthen,
> Und opfert mich auf, ihr barbarischen Scythen !
> Wodurch verdiente denn mein grosser Sinn,
> Dass ich der Dummheit Heilger bin ?
> War dies von meinem ganzen Leben,
> Von meinem kühnen missverstandnen Streben,
> Von meinem Eifer der Beschluss,
> Das ich euch, Korporalen, zum Profose dienen muss ?
> Ihr, die ihr nie das kleinste gefühlt,
> Wohin ich mit meinen Pfeilen gezielt,
> Die ihr nicht ahnden konntet, nicht fassen,
> Wie ich eures gleichen musste hassen,
> Wie ich immer, wo nach ihr mit allen Sinnen trachtet,
> Herzinnig und tiefsinnig habe verachtet. »
>
> (Schriften XIII. 300.)

Lessing, bemerkt Tieck richtig, wurde von seinen Zeitgenossen nicht verstanden. Sie überschätzten ihn als Dichter, was er nicht sein wollte, und hatten von seiner wahren Grösse und der Tiefe seines Geistes keine Ahnung. Die Zeit, wo eine einseitige Bewunderung des grossen Mannes fast nur den grossen Dichter in ihm sehen, und speziell in der Emilia Galotti das vollendetste Trauerspiel unserer Nation erkennen wollte, sei vorüber, und es könne wieder von Nutzen sein, die leer phantasirende Jugend auf Lessing auch als Dichter aufmerksam zu machen, auf den Scharfsinn und die Tiefe seiner Kompositionen, auf die Gründlichkeit seiner Motive, auf den Adel der Charaktere und den philosophischen Witz seiner Sprache. Wer das Theater studiren wolle, müsse durchaus den Bemühungen Lessings, auch seinen Schauspielen eine wiederholte Aufmerksamkeit widmen. (IV. 29.)

Koberstein irrt wenn er behauptet Tiecks Meinung über Lessing habe sich mit der Zeit « bedeutend modificirt ». (Gesch. d. d. Nationalliteratur IV. 627. Anm. 94.) Dass Lessing kein wahrer Dichter sei, dass ihm die dazu unerlässliche geheimnisvolle Inspiration des Genies fehle, daran hält Tieck fest, obschon er mit Einzellob nicht kargt. Die Minna nennt er eines der trefflichsten deutschen Stücke, das noch jetzt der Bühne unentbehrlich sei, weil es die Gesinnung des Tages, den Charakter der Nation, die Soldatenehre jener Tage so trefflich schildere. Dass auch die Emilia wahrhaft der Nation, nicht als vorübergehende Erscheinung, sondern als bleibendes Denkmal angehöre, habe der Erfolg bewiesen. Grosse Kunst der Charakteristik habe Lessing durch seine Schöpfung der Marwood, des Marinelli, des Prinzen und der Orsina bewiesen. Sein Stil sei ausgezeichnet, scharf, schlagend ; er scheine so leicht, als könnte ihn Jeder nachahmen, aber er beweise nur, wie unendlich schwer das Einfache sei. (K. Sch. IV. 197. Köpke II. 183-85.)

Dass Tieck ungerecht gegen Lessing sei, ja «ihn verlästere, mit Füssen trete, immer eine Gelegenheit suche, seine Superiorität über ihn darzuthun» (N. Sch. II. 55) wurde ihm schon von den Zeitgenossen, besonders vom Satiriker Falk (Falks «Taschenbuch» für 1799) vorgeworfen. Dagegen protestirt Tieck energisch in seinen «Bemerkungen über Parteilichkeit, Dummheit und Bosheit». (N. Sch. II. 35—93.) Er dürfe sich wol rühmen Lessings Arbeit und Bestreben besser eingesehen zu haben, als seine unbefugten Lobredner, die ihn unaufhörlich citirten ohne ihn zu kennen, und denen er nur mit aus dem Zusammenhang gerissenen Aussprüchen, als Medusenhaupt gegen ihre Feinde diente. Lessings Bedeutung liege viel mehr auf dem Gebiete der Philosophie und Kritik als auf dem der Dichtkunst, und wenn er auch seine Gedichte nicht als echte Kunstwerke anerkenne, so spreche er denselben doch darum nicht alles Verdienst ab.

Wenn die moderne Kritik sich auf Tiecks Urteil über Lessing stützt um ihn herabzusetzen, so sollte sie doch vor allem bedenken, dass Tieck sich in vollständigem Einverständnis mit Lessing selbst befindet, dessen «lapidaren Worten seltenster Selbsterkenntnis» wie sein jüngster und bester Biograph Er. Schmidt trefflich sagt, «sich nichts abdingen, nichts beifügen lässt». Ohne der grossen Erscheinung Lessings dadurch im mindesten nahe zu treten, könnte man sich doch wol darüber vereinigen, dass ihm der geniale Schöpferdrang, die ungewollt und gewaltig hervorbrechende Quelle genialer Dichterbegabung versagt war.

Dem Kritiker Lessing lässt übrigens Tieck volles Recht widerfahren. Die Hamburger Dramaturgie nennt er nie ohne den Beinamen «meisterhaft» und in der Abhandlung über das deutsche Drama schreibt er: «Einer der grössten Deutschen und Männer aller Zeitalter, Lessing, erhob sich bald um der deutschen Literatur zu einer festen Grundlage und einer grossen Wirkung auf das ganze Leben zu verhelfen. Sein Scharfsinn, Mut und seine Redlichkeit hob völlig den Kleinhandel und stürzte die Wechseltische nicht nur der Gottschedianer sondern anderer Kleinmeister im Tempel des Geschmacks und der Kritik um. Mit Vorliebe nahm er sich der Bühne an, und sein Bestreben hätte wol mit einem besseren Erfolge gekrönt werden sollen, da wir nach so langer Zeit, statt vorzudringen, wieder so bedeutend hinter seine Zeit zurückgeschritten sind. » (K. Sch. IV. 165.)

A. W. Schlegel ist dem Kritiker Lessing nie gerecht geworden. Er sieht in ihm nur den Verteidiger des Prinzips der Natürlichkeit und verdammt ihn deswegen vom echt romantischen Standpunkte aus. In seiner Besprechung der Corneill'schen Rodogüne behauptet er, was Lessing so witzig und geistreich gegen dieses Drama vorbringe, sei « auf das ungültige Prinzip einer gewissen Natürlichkeit in den Leidenschaften gebaut » auf welche die poetische Kunst Verzicht leisten dürfe. (Werke IX. 221.) Und in den Vorlesungen sagt er Lessing habe die Rechte der poetischen Nachahmung verkannt, und im Dialog, wie in allem « eine bare Kopie der Natur » gewollt, « als ob diese in der schönen Kunst überhaupt zulässig oder auch nur möglich wäre. » (VI. 407.)

Fr. Schlegel sprach zuerst im Lyceumaufsatz « Ueber Lessing » v. J. 1797, diesem jede Bedeutung als Kunstrichter ab, da es ihm an historischem Sinn und an historischer Kenntnis der Poesie fehle; was er gegen die französische Tragödie sage, könne nicht für Kritik gelten, es sei nicht einmal gute Polemik. Er änderte später seine Meinung und gab in seinem Buche « Lessings Geist aus seinen Schriften » (1804) eine sehr anerkennende Beurteilung von Lessings kritischen Bestrebungen. In seiner Geschichte der alten und neuen Literatur (1815) stimmt er dies günstige Urteil wieder bedeutend herab, zweifelt ob Lessing vorteilhaft für die deutsche Bühne gearbeitet habe, und stellt ihn, gerade wie im Aufsatz des Lyceums, viel höher als Philosoph denn als Kritiker. Selbst in der

Kritik sei er mehr Philosoph als Kunstbetrachter ; die Philosophie sei unverkennbar sein eigentlicher Beruf gewesen. Fr. Schlegel geht selbst so weit Lessing als Philosoph über Kant zu stellen. (Werke II. 282. 283. 286. 289.) Beide Schlegel stimmen mit Tieck überein, dass Lessing kein wahrer Dichter gewesen ; sie erklären dies ebenso ausdrücklich wie Tieck. Ein tiefes Verständnis und eine hohe Begeisterung für Poesie ist den drei grossen Kritikern der romantischen Schule gemein ; in ihrem ästhetischen System gehen sie auseinander : Tieck wird Realist, die Schlegel bleiben Idealisten.

Tiecks Stellung zum *Drama der Romantiker* ist denn auch folgerecht eine schroff ablehnende. Wie er über das romantische Drama im allgemeinen, und über seine eigenen Schöpfungen insbesondere dachte, ist bereits erwähnt. Zwar verschonte er die Schlegel ; desto schärfer jedoch verurteilte er die Nachzügler der Romantik, Zacharias Werner, Immermann und Oehlenschläger.

*Werner*, behauptet Tieck, besass treffliche Naturanlagen, war mit grossem Talent begabt. Seine « Söhne des Thales » versprachen, mochte auch Willkür, Manier, unziemliche Nachahmung das Gedicht entstellen, mochte gleich der Hauptgedanke unhaltbar, ja selbst empörend sein, dennoch für die Zukunft einen wahren und grossen Dichter. Statt sich aber von den Fehlern, die sich bereits in den « Söhnen des Thales » in so kräftigen Zügen meldeten, zu befreien, hat er dieselben in seinen nachherigen Produktionen noch verschärft. Er hat nicht wie sein Vorbild Calderon das religiöse Element, das er zum Gegenstande der Dichtung, zuerst in protestantischem, dann in katholischem Sinne, erheben wollte, mit dem Tiefsten unseres Gemütes verbunden, sondern mit der Mystik ein schlimmes Spiel getrieben, dieselbe, ohne sie zu kennen, zur willkürlichen Thorheit, zum seltsamen Zierat und fratzenhaften Spass erniedrigt. (K. Sch. IV. 158. 215.)

*Immermann*, den modernsten Dramatiker der Romantik, charakterisirt Tieck trefflich in den Gesprächen mit Köpke. (S. 206.) Es war, sagt er, « eine höchst bedeutende und starke Kraft, dies drückte sich in seinem ganzen Wesen aus. Er hatte etwas Entschiedenes und Männliches. Er urteilte scharf und herbe, ja er konnte schroff, bitter, ingrimmig erscheinen. Kaum hat sich Jemand mit dem Theater soviel beschäftigt als er. Er dichtete für dasselbe, schrieb darüber und leitete eine Zeit lang das Theater in Düsseldorf. Hier machte er allerlei anerkennenswerte Versuche, aber mit allem Eifer konnte er die Sache doch nicht halten. Merkwürdig ist dabei, dass er niemals ein Stück geschrieben hat, welches ganz bühnengerecht wäre. Kaum eines seiner Dramen kann so aufgeführt werden wie es ist. Dies sah er selbst ein und änderte daher viel, z. B. sein « Trauerspiel in Tirol », dessen erste Bearbeitung viel Sonderbares enthält ; so die Geschichte mit Hofer's Schwert. « Kaiser Friedrich » ist zu gedehnt und bleibt wirkungslos. Das beste ist wol der erste Teil des « Alexis », obgleich auch hierin Manches hart und spröde ist, woran auch sonst seine Verse leiden. »

Immermann bietet merkwürdige Aehnlichkeiten mit Tieck. Auch er war ein vortrefflicher Dramaturg und ein mittelmässiger Dramatiker. Auch er hat seine ganze Kraft und Thätigkeit an die Pflege und Hebung der deutschen Bühne gesetzt, und ist in diesem Bestreben ebenso wie Tieck gescheitert. Seine von Putlitz herausgegebenen « Theater-Briefe », worunter vier an Tieck, die von tiefer Verehrung für den Meister Zeugnis ablegen, treffen in vielen Punkten überraschend mit manchen Lieblingsgedanken Tiecks überein. Wir finden dort dieselben Klagen über den Zustand des deutschen Theaters, — das einst National-Angelegenheit und den Gebildeten wichtig gewesen und jetzt zum Zeitvertreib geworden sei, den Niemand unter den Kulturmitteln mehr in Anschlag bringe, — über den Hang zu deklamatorischer

Schönrednerei, über die Vorliebe für die Familienstücke, über die Sucht der Schauspieler sich oder pikante Einzelheiten zu produciren, wodurch der Zusammenhang eines Werkes zersplittert werde, über die platte Nüchternheit der Regisseure, die, wo sie ein Fünkchen Poesie witterten, gleich bereit seien durch irgend ein Arrangement einen nassen Sack darauf zu werfen, damit der Brand ja nicht um sich greife. Wir begegnen dort auch denselben Forderungen einer « geistigen » Bühne mit einem dichterisch-wertvollen Repertoire, eines konsequenten Festhaltens an poetischen Werken, einer Emporhebung der Bühne zu den Gedanken der Dichter anstatt einer Hinabziehung der Dichter zu den verbrauchten Convenienzen der Bretter u. s. w. Auf seiner Düsseldorfer Musterbühne, brachte Immermann Tiecks Blaubart zur Aufführung und stattet ihm darüber in einem der Theater-Briefe einen interessanten Bericht ab.[1]

Der grosse Beifall, den sich *Oehlenschläger* mit seinem stark romantisch gefärbten Trauerspiel « Corregio » in Deutschland erwarb, missfiel Tieck sehr. Der « Corregio », der wie Tiecks Sternbald den romantischen Lieblingsgedanken, die Kunst zum Gegenstande der Kunst zu machen, verwirklichte, regte eine ganze Reihe von Malerdramen an, die wie Gottschall bemerkt « die Bühne lange Zeit in ein Atelier verwandelten und Staffeleien und Menschen mit gleicher Hölzernheit neben einander stellten. » Der nachteilige Einfluss den dieses

---

[1] « L. Tieck, als dessen Schüler sich Immermann bezeichnete », sagt R. Fellner, « verdankt unser Dramaturg wichtige theatralische Anregungen, insbesondere den Einblick in die altenglische Bühne und neue Gesichtspunkte zur Beurteilung Shakespeares. Aus den trefflichen Vorlesungen Tiecks schöpfte er einen neuen Beweis für die Tüchtigkeit seiner Methode : bei der Reproduktion einer dramatischen Dichtung streng von der Vorstellung der inneren Einheit auszugehen. » *R. Fellner* : « Geschichte einer deutschen Musterbühne. » Stuttgart 1888. S. 75—76.

Schauspiel auf das deutsche Theater ausübte, mag wol der Grund sein, weshalb Tieck dasselbe in einer 43 Seiten umfassenden Besprechung so grausam zerfetzt. (K. Sch. IV. 270.) Und doch hatte Tieck selbst mit seinem Sternbald nicht nur direkte Veranlassung zu diesen Künstlerdramen gegeben, sondern ohne Zweifel Oehlenschläger selbst auf den Stoff des « Corregio » gebracht. In « Sternbalds Wanderungen » wird Corregio als der grösste Maler Italiens gepriesen. Motive wie die, dass zwei Liebende sich in der Bewunderung eines Künstlers begegnen, dass ein Maler seine eigene Gattin im Bilde der Madonna darstellt, hat Tieck gewiss Oehlenschläger an die Hand gegeben. Vielleicht wollte Tieck durch seine vernichtende Kritik des Oehlenschlägerschen Dramas die Sünden seiner Jugend wieder gut machen. — Ein Künstlerleben, behauptet Tieck, muss novellistisch und nicht dramatisch behandelt werden ; der Novellist kann stufenweise den Leser in die ganze Eigenheit des Künstlers einführen, während der Dramatiker nur lose Andeutungen geben kann.

In innigem Zusammenhange mit Tiecks Theorie des Dramas steht seine Theorie der *Schauspielkunst*. Die Geschichte der deutschen Schauspielkunst dreht sich um den Kampf zwischen zwei entgegengesetzten Schulen : die Hamburger und die Weimarer, der noch heute fortdauert. Die von Schröder praktisch begründete und von Tieck theoretisch in glänzender Weise verteidigte Hamburger Schule beruht auf dem Grundsatze der möglichst vollkommenen Täuschung. Zur Erzeugung derselben, verlangt sie von der Darstellung vollste Natürlichkeit und Lebenswahrheit. Die Aufgabe der Schauspielkunst ist, ihrem Prinzipe zufolge, nicht Deklamation sondern

Charakterdarstellung. Die von Goethe und Schiller begründete Weimarer Schule stellt als Richtschnur des Spiels, nicht die lebendige sondern die idealisirte Natur auf, nicht die Wirklichkeit sondern den geläuterten Geschmack. Sie verlangt von der Darstellung Kunst und Anstand, anmutigen Vortrag, würdevolle Repräsentation, vollkommenstes Ebenmass der Erscheinung, Gemessenheit der Bewegung.

Die Theorie dieser Schule hat Goethe in den « Regeln für Schauspieler » aufgestellt, Vorschriften die wir heute nicht mehr ohne Lächeln lesen können. Die Kunst des Schauspielers heisst es dort, besteht « in Sprache und Körperbewegung »; damit meint Goethe eintönige, gesangartige Deklamation und steif-vornehme Haltung. Auf der Bühne wolle man alles « schön dargestellt haben, da das Auge des Zuschauers auch durch anmutige Gruppirungen und Attitüden gereizt sein will. » Der Schauspieler müsse zunächst bedenken « dass er nicht allein die Natur nachahmen, sondern sie auch idealisch vorstellen solle. » Der Schauspieler sei um des Publikums willen da, müsse immer Dreiviertel vom Gesicht gegen die Zuschauer wenden, nie im Profil spielen, noch den Zuschauern den Rücken zuwenden, nie in's Theater hineinsprechen, sondern immer gegen das Publikum. Die Darstellenden « sollen nicht aus missverstandener Natürlichkeit unter einander spielen, als wenn kein dritter dabei wäre. » Es wird denselben ferner der Rat erteilt, sich den Theaterboden wie eine Art von Damenbrett, auf dem Papier durch rhombische Flächen zu zeichnen, sich dann die Kasen, die sie betreten wollen, zu notiren ; es sei alsdann gewiss dass sie « bei leidenschaftlichen Stellen nicht kunstlos hin und her stürmen, sondern das Schöne zum Bedeutenden gesellen ». Goethes Sorgfalt für ein feinvornehmes Spiel erstreckt sich bis auf die kleinsten Einzelheiten. Ergötzlich zu lesen sind seine Vorschriften über Haltung der Finger, Hände, Arme u. s. w.

Der Zusammenhang der Weimarer Theaterschule

mit Goethes antikisirender Richtung im Drama ist offenbar. Goethe ging selbst so weit die alten Masken wieder einzuführen. Wie er das Drama, das den ungeheuren Schritt von den Griechen zu Shakespeare gethan hatte, wieder fast zu seinem Ausgangspunkte zurückbrachte, so führte er die Schauspielkunst wieder zum höfischen Staatsactionsgeschmack der Gottsched-Neuber zurück. Wie sehr Schiller auch hierin mit Goethe übereinstimmte beweisen folgende Verse, worin er der Goetheschen Theorie der Schauspielkunst, einen formvollendeten, klassischen Ausdruck gegeben :

« Doch leicht gezimmert nur ist Thespis Wagen,
Und er gleicht dem acherontschen Kahn :
Nur *Schatten* und *Idole* kann er tragen,
Und drängt das *rohe* Leben sich heran,
So droht das leichte Fahrzeug umzuschlagen,
Das nur die flücht'gen Geister fassen kann.
Der *Schein* soll nie die *Wirklichkeit* erreichen
Und siegt *Natur*, so muss die *Kunst entweichen*.
Denn auf dem bretternen Gerüst der Scene
Wird eine *Idealwelt* aufgethan . . . . . »[1]

---

1. Eine köstliche Satire der Goetheschen Theaterleitung enthält ein i. J. 1808 erschienenes anonymes Schriftchen : « *Saat von Goethe gesäet dem Tage der Garben zu reifen. Ein Handbuch für Aesthetiker und junge Schauspieler. Weimar und Leipzig.* » Dort liest man u. a. : « In diesem göttlichen Genre, das mehr für den *Himmel* und die *Himmlischen* als für die Erde und ihre Bewohner ist, sind erstlich die *Schritte* der spielenden Personen auf das genaueste abzumessen und wo möglich von dem Theatermeister mit dicker Kreide zu marquiren. — Jede spielende Person, gleichviel welchen Charakter sie darstellen soll, muss etwas menschenfresserartiges in der Physiognomie zeigen, wodurch an ein *hohes Trauerspiel* erinnert wird. Ferner müssen sich sämmtliche Personen so langsam und feyerlich bewegen, als wenn sie bereits hinter der Bahre desoder derjenigen hergingen, so im fünften Akte unvermeidlich sterben muss. — Jedes Spiel, jede Gesticulation, jeder Ausdruck der Stimme, wodurch ein Charakter nüancirt oder scharf gezeichnet werden könnte, ist bei Gefängnissstrafe verboten. . . . Die heterogensten Charaktere müssen sich ähnlichen, wie ein Ey dem anderen, und es wird bloss der Idee, das ist der Phantasie des Zuschauers anheimgestellt, sich die nöthige Verschiedenheit hinzuzudenken. . . . . Die

Tiecks Kampf gegen die Weimarer Theaterschule ist ein würdiges Seitenstück zu Lessings Feldzug gegen die französische Tragödie. Die Weimarer Schauspielkunst war ja nur eine getreue Kopie der französischen Spielweise. Als, bemerkt Tieck, durch Eckhof ein eigenes deutsches Theater entstand, erwachte auch das Bewusstsein deutlich, dass jenes Spiel, welches die Franzosen für das richtige halten, für uns unnatürlich sei. Dieses Spiel sei nichts als künstliche Deklamation und falsche Emphase gewesen. Diese musikalische Recitation schliesse alles wahre Spiel aus ; denn wo Alles so unbedingt auf die kleinen Nüancen der Rede hingewendet werde und jeder Monolog und jede Schilderung ein kunstvolles Ganze ausmachen solle, da könne von *Charakterdarstellung*, von wahrer Steigerung, von Herausheben oder Fallenlassen dieser oder jener Stelle nicht mehr die Rede sein. Die Recitation die dieser *singenden* gegenüberstehe,

Schauspieler sollen überhaupt *sprechen* und nicht *spielen*, und als das Ziel der höchsten Vollendung wird es betrachtet, wenn es den spielenden Personen erst gelingen sollte, jede Vorstellung in eine Leseprobe im völligen Costüme zu verwandeln. »

Es folgen dann Vorschriften für besondere Fälle. So z. B. : « Sollte es die Grausamkeit oder die Unbarmherzigkeit des Dichters mit sich bringen, dass eine oder die andere Person ein Giftgläschen leeren müsste : so soll dieses mit allem erdenklichen Anstand geschehen. Eine kleine Verzerrung des Gesichts, ohngefähr, als wenn Kinder ein Rhabarbertränkchen zu sich nehmen sollen, lässt sich nun einmal nicht gut verbieten, übrigens aber wird die höchste Ruhe empfohlen, alldieweil die Griechen ihr *Gift* wie unsere Damen *Eis* nehmen, d. h. — mit der grössten Bequemlichkeit. — Umarmungen, wenn solche auch noch so sehr dem Ganzen angemessen wären, es sey nun zwischen Vater und Kind, Mann und Weib, oder Liebhaber und Geliebte, dürfen im Griechischen durchaus nicht vorfallen. Es ist vielmehr in diesem Lande eine Hauptregel, sich drey Schritte vom Leibe zu bleiben, wodurch nebenher auch noch für die Oekonomie des Theaters gesorgt, und die Gewänder hübsch geschont werden. — Die Schauspieler haben sich in Griechenland von ihrem Thun und Lassen durchaus keine Rechenschaft zu geben, sondern ihre Geschäffte, wie die italiänischen Sängerinnen bey Bravour-Arien, bloss und allein mit Parterre, Logen und Gallerie abzumachen. Wenn auch zehnmal Liebeserklärungen und dergleichen vorfallen sollten : so schwöre der Liebhaber seine Treue dem Parterre, und sei die *einfache* und *natürliche*. Diese beruhe auf dem natürlichen Ton des Lebens. Dieser Ton steige im Pathos auf, erhebe sich im Ausbruch der Leidenschaft zu voller Donnergewalt und könne von der höchsten Höhe unmittelbar, ohne Affektation zum einfachsten Naturlaut, zum Seufzen, leisen Accent zurücksinken. Dieses *wahre* Sprechen sei unendlich schwerer zu erlernen, als jenes Deklamiren. (Vgl. Sch. II. 341-44. III. 231-36. IV. 37-51, 359-62. Köpke II. 228-233.) In dieser zweiten Art des Spiels sei Schröder gross und vollendet gewesen. « Diese Einfachheit und Wahrheit ist es, was Schröder charakterisirte, dass er keine bestechende Manier sich zu eigen machte, niemals in der Deklamation ohne Not in Tönen auf und ab stieg, niemals dem Effekt, bloss um ihn zu erregen, nachstrebte, nie im Schmerz oder in der Rührung jene singende Klage anschlug, sondern immer die natürliche Rede

die Geliebte sey barm- oder unbarmherzig gegen das — Parterre. . . . . . . Hierbey ist noch zu bemerken, dass man jedem Schauspieler so viel Discretion zutrauet, fein zurück zu treten, wenn der Nebenschauspieler das Parterre haranguirt ; denn ohnehin geht es ihnen ja gar nichts an, und dürfen sie um so weniger darauf hören, da sie die Antwort im Voraus auswendig gelernt haben. — Da die meisten Stücke dieser Gattung *metrisch* sind, so ist es bey weitem nicht genug, im Allgemeinen die Verse, mit Beybehaltung des Sinnes hören zu lassen : sondern es ist vielmehr von der grössten Nothwendigkeit, solche auf das gewissenhafteste zu *scandiren*, oder vielmehr nach einer gewissen eintönigen Melodie *abzusingen*. Auf den Sinn kommt durchaus nichts an, und es gereicht vielmehr zur höchsten poetischen Schönheit, solchen nach Möglichkeit zu zerfetzen.' — Es ist überhaupt keinem tragischen Schauspieler erlaubt, sogleich seine Rede anzufangen, wenn sein Nebenspieler geendet, denn dieses wäre ganz gegen die Achtung, die ein tragischer Schauspieler dem andern schuldig ist. Im Gegentheil muss nach jeder Rede eine *grosse Pause* statt finden, nach welcher der zu reden Beginnende, der vorher natürlich zurück getreten war, sich nun mehr vorwärts bewegt, nach Befinden den rechten oder linken Arm in die Höhe hebt, einen grässlichen Blick um sich her wirft, und jetzt erst den *Gesang* anstimmt. — Eine grosse Hülfe hat der Schauspieler an den alten Masken, welche gewöhnlich alles übertreffen, was die lebhafteste Phantasie sich nur vorzuzaubern im Stande ist. (S. 20—26. 43.)

durch richtige Nüancen führte und nie verliess. » (II. 344.) Das Theaterspiel, das wir *das deutsche* nennen müssen, sagt Tieck ferner, wurde von Schröder festgestellt. Es ist dies die wahre Recitation, das ächte Sprechen, im Lustspiel wie in der Tragödie, das dem monotonen Tonfall, dem falschen Gesang, dem schwülstigen Aufblasen und Festhalten einzelner Worte und Phrasen ebenso fern steht wie der klappernden, gemeinen Nüchternheit. (III. 232.)

Diese verabscheut Tieck ebenso sehr wie die falsche Emphase. Derjenige, bemerkt er, der die singende Deklamation und das gesteigerte, falsche Pathos vermeiden will, fällt leicht in das Nüchterne, Unbedeutende und Unedle. « Viel haben wir von diesen dürren Rednern leiden müssen, die natürlich zu sein meinen, wenn sie trivial sind und gewichtige Worte und grosse Gedanken gleichsam unter sich wegwerfen, immerdar den Zusammenhang zerreissen und den Sinn zerstückeln, und jede Erhebung Schwulst, und die Würde und Majestät Unnatur nennen. Jene Hochtrabenden, Schwülstigen sind oft im Drama selbst kopirt und lächerlich gemacht worden, selten nur diese Verehrer der dürftigen Natur, die es nicht weniger verdienen. » (II. 343.)

Die gegen die Mitte dieses Jahrhunderts eingetretene Herrschaft des « rohen Naturalismus » beklagt er tief in den « Unterhaltungen ». (232.) Die damalige Schauspielkunst, heisst es dort, leide an Roheit und an verbildetem Virtuosentum. Das Virtuosentum sei der gerade Gegensatz aller Kunst. Es beruhe nicht auf allseitiger Durchbildung und schöpferischer Kraft, sondern auf einseitiger Fertigkeit. Ein jeder gehe auf den einseitigen Effekt aus, an das Ganze denke Niemand mehr.

Eine oft von Tieck wiederholte Forderung ist die eines kunstvollen Zusammenspiels. Manche Dichter machten, durch vorsätzliche Heraushebung einzelner Stellen, Tiraden und Scenen ein solches Zusammenspiel fast unmöglich. Es sei ganz natürlich dass der Schauspieler diese Monologe, isolirte Schilderungen u. s. w. benutze um Effekt zu machen. Alle diese Paradestücke seien schwer natürlich zu sprechen, und so müsse denn der Schauspieler in rednerische Künstelei verfallen. Der Zusammenhang werde dabei unterbrochen, die Kunst der Menschendarstellung vernachlässigt. (II.349. IV.117.) Eifrig warnt er die Schauspieler vor der Sucht nach der Gunst des Publikums, vor Künsteleien in Ausdruck und Geberden, rät ihnen Mässigung im Gebrauch der Mittel, sorgsame Ausbildung der Stimme, Einfachheit verbunden mit Wärme und Innigkeit der Darstellung ; unablässlich weist er sie auf die hohe Bedeutung ihres Berufes hin.

Die Sorgfalt für die gesprochene Rede auf dem Theater hatte er mit Goethe gemein ; im Gegensatz zu ihm, wird er aber nicht müde zu betonen dass diese Rede immer die der Natur und des Lebens sein und bleiben müsse. « Die Sorgfalt für das Wort », berichtet Laube in « Das Norddeutsche Theater », (S. 90) war zuletzt sein Ein und Alles. Ich habe kurz vor seinem Tode in Berlin noch einmal eine dreistündige Unterredung mit ihm gehabt. Er brach sie nicht ab trotz seiner Gichtschmerzen, die ihn Zeit seines Lebens fortwährend gepeinigt, und er ging auch nicht ab von dem Thema : deutsches Theater. Das interessirte ihn über alles und es war rührend anzuhören, dass er selbst von seinen Schwächen sprach, welche sein erfolgreiches Wirken als Dramaturg in Dresden verhindert, ebenso verhindert hätten, als die thörichte Herrschaftsstellung eines unliterarischen Intendanten es gethan. Es stärkte ihn sichtlich meine Versicherung, dass das deutsche Schauspiel keineswegs unterginge und dass seine guten Lehren beachtet würden. « Nur eine », stöhnte er, « nur eine halten Sie aufrecht : Sprechen lernen ! Es ist noch meine letzte Klage, dass unsere Schauspieler nicht sprechen lernen. » — Tieck polemisirt nie direkt gegen die Weimarer Schule. Er nennt dieselbe nie, noch ihre Begründer, bezeichnet vielmehr ihre Richtung mit dem Namen « französische

Manier». Desto unumwundener soll er sich mündlich ausgesprochen haben. In den fast täglichen Leseabenden die er in seinem geselligen Hause zu Dresden veranstaltete, habe er es, nach Laube, an scharfen Aeusserungen gegen die Weimarer Schule nie fehlen lassen.

Die Berichte der Zeitgenossen über die Privat-Vorlesungen Tiecks — in welchen den Frauen das Stricken (!) ebenso streng untersagt war wie den Männern das Rauchen, denn gegen beides hatte Tieck eine entschiedene Abneigung — sind in überwiegender Mehrzahl ganz enthusiastische. Fast alle sind darüber einig dass er durch diese Vorlesungen in den weitesten Kreisen für das Verständnis der dramatischen Kunst gewirkt; fast alle bezeugen dass sie unvergessliche geistige Anregungen und künstlerische Genüsse in denselben empfangen und genossen haben. Alle, ohne eine Ausnahme, erkennen die vollendete Kunst an, welche Tieck im dramatischen Lesen entwickelte. Er soll ein ungemein schönes, biegsames, klangreiches Organ und eine ausserordentliche Ausdrucksfähigkeit in Auge und Gesichtszügen besessen, und immer mit voller Naturwahrheit gelesen haben. Er wollte ja in seiner Jugend Schauspieler werden, wovon ihn nur der strenge Widerstand seines Vaters abhielt. Die namhaftesten Gelehrten, Künstler, Dichter, Schauspieler nicht nur Deutschlands, sondern auch des Auslands, wie Oehlenschläger, Steffens, Ampère, Marmier, Barante, Montalembert, Coleridge, Colliers, Ticknor u. s. w. haben Tiecks Vorlesungen besucht. Sie gehörten zu den Glanzpunkten Dresdens; es war, wie Köpke berichtet, für jeden der nach Dresden kam, ebenso unerlässlich eine Vorlesung Tiecks zu hören, als die Gemäldegalerie, die Kapelle der katholischen Kirche oder das Theater zu besuchen.

Ungemein scharf spricht sich Tieck über die zeitgenössische Kritik in Bezug auf die Schauspielkunst aus. Seine Bemerkungen sind auch noch für den heutigen Zustand dieser Kritik sehr zutreffend und beherzigenswert. Das Wesen keiner Kunst sei so schwer zu fassen als das der Schauspielkunst; und doch glaube alle Welt über das Theater reden und urteilen zu können; es scheine sich von selbst zu verstehen, dass hier ein Jeder von Hause aus Kenner sei, und doch wüssten die Allerwenigsten worauf es ankomme. Die Meinungen des Haufens, seine Lobpreisungen, sein irrer Tadel und poetisches Faseln, alle diese Ergiessungen der Unwissenheit fänden ihren Platz in den Magazinen der zahllosen Tagesblätter. Die Mehrzahl derselben müsse man zum Abfall und Kehricht der Literatur rechnen. Dorthin flüchteten sich die seichtesten Ansichten, die verwirrtesten Meinungen, die ärmsten Spässe, indem sie sich die Miene der Kritik gäben. Die an solches Geschwätz sich gewöhnenden Leser würden immer unfähiger ein ernstes, wissenschaftliches Buch zu lesen.

Den Kritiken über Schauspieler sähe man ihre Unkunde und Parteilichkeit beim Aufschlagen an. Manche wollten durch Bitterkeit auffallen, die meisten lobten aber in allen Tönen. Am meisten seien die Schauspielerinnen zu bedauern. Was sollten sie mit den gedruckten Liebeserklärungen anfangen, die sich oft im Tone eines Faunen oder schmachtenden Weichlings vernehmen liessen. Den « Auswurf der deutschen Schreibseligkeit » nennt Tieck die Libellisten, « die anonym in Correspondenzen, oder mit fingirten Namen bald jenen loben, um diesen zu verfolgen, über Dichter und Schauspieler klatschen und lästern, und nach einigen Wochen denselben zu den Wolken erheben, den sie kürzlich verfolgt, oder umgekehrt, je nachdem die Gevatterschaft, oder der Wind des gegenseitigen Lobes gedreht und das armselige Bedürfnis des Hasses und Neides gewechselt hat. Könnten wol mehrere Halbliteraten, oder Viertels- und Achtelsberühmte Autoren die Auferstehung ertragen, wenn plötzlich all die widersprechenden Aufsätze, die bald Raphael, Michel Angelo, Guido, Domenichino oder Hans und Kunz unterzeichnet sind, als eben so viele Glieder den Eignern dieser Aufsätze namenkundig zuflögen, und sie so mit ihren Lügen bedeckt in ihrer ärmsten Blösse dastünden.» (IV. 131. S. ferner : III. XIII. XIV.) Ueberall in seinen dramaturgischen Blättern erscheint uns Tieck als ein reiner Priester der Kunst, der unerbittlich alle Forderungen zurückweist, die viel mehr auf Sinnengenuss als auf Kunstgenuss hinauslaufen. Es empört ihn dass die meisten männlichen Zuschauer im Theater nichts als Sinnenreiz suchen, und dass die Schauspielerinnen diesem Wunsche entgegenkommen. Würden die Sinne fortwährend gereizt, so ginge der Kunstgenuss verloren. Die Theater böten von dieser Seite den Zeloten eine schlimme Blösse. (III. XV.) Eine ungereimte Forderung nennt er die dass eine Schauspielerin, die junge Rollen spielt, auch selbst jung, ja nicht älter, als es das Stück besagt, sein müsse. Man möchte die Kinder, « so wie sie entwöhnt werden, zu Liebhaberinnen bilden, damit in aller Kraft und notwendiger Uebung eine vierzehnjährige Julia uns bezauberte. Wenn sie aber auch achtzehn Jahre alt ist, und man vielleicht diese Aenderung vergibt, der Darstellerin auch wol noch ein paar Jahre in den Kauf gibt, — was heisst denn dieses thörichte Begehren ? Der Zuschauer soll nicht ebenso wie Romeo in Julien verliebt werden ; er soll die Kunst sehen und fühlen, das Gedicht empfinden und verstehen, nicht aber verlangen (was jetzt wol allenthalben geschieht), dass die zufällige Persönlichkeit des weiblichen Wesens seiner eigenen Persönlichkeit zusage, dass er selbst gereizt werde, und er, statt des Zaubers der Poesie, in einen Taumel gerate, der eben nicht poetisch zu nennen ist. » (III. 179.)

Die Schauspielkunst, bemerkt Tieck ferner, sei eine Kunst die nur durch Studium und Uebung zu erringen sei, und wenn junge Anfänger auch zu Zeiten einen glücklichen Wurf thun, so könne ihnen doch unmöglich überlassen werden die höchsten Aufgaben so nach Zufall und Glück völlig zu vernichten, oder sich kümmerlich

hindurch zu winden. Tieck gibt jedoch zu, dass die
Sinne auch ihr Recht verlangen, dass es eine natürliche
Grenze gebe, wo die verständige Frau es von selbst fühle
dass sie nicht mehr mutwillige Mädchen und Liebeschwärmerinnen darstellen könne. (III. 179 - 180.)

Alles was überhaupt die Reinheit des Kunsttempels
entweiht findet an Tieck einen strengen Richter. Er
eifert gegen Tänze, Prachtaufzüge, prunkhafte, oftmals
geänderte Kleidungen, Feuerwerke, häufige. Verwandlungen, u. s. w. Das alles sei gut für die Oper, aber
das Schauspiel solle man damit verschonen. Scharf geisselt
er die Theatordirektoren, welche die Zuschauer durch
solche sinnenreizende Mittel anlocken, und die eingesendeten Manuskripte daran prüfen, ob sie ihnen zu
oft wechselnden Dekorationen, allfarbigen Feuerwerken, Kleiderprunk- und Wechsel Gelegenheit geben.
So lange Dekoration, Kleidung, Musik, Tanz u. s. w.
das Schauspiel erhöhen, es nicht unterdrücken, seien
alle diese Dinge zu loben. Die Sucht die Wirkungen
der Bühne durch sinnliche Eindrücke zu steigern, sei
eine ganz berechtigte. Komme man aber dahin, in einer
Tragödie das Schauspiel blos wegen eines Krönungsmarsches zu besuchen, könne man ohne Feuerwerke oder
Pferdegetrappel gar nicht mehr fertig werden, so sei die
Kunst des Dichters wie des Schauspielers völlig abgestorben, und man solle es dann lieber geradehin versuchen
ohne diesen Umweg die Zuschauer zu entzücken. (III.
XVIII. 143. 163. IV. 161.)

Besonders heftig polemisirt Tieck gegen den häufigen
Wechsel der Dekorationen. Die moderne Kritik beschuldigt ihn einstimmig eine Bühne ohne alle Dekorationen, nur mit Wegweisern wie zu Shakespeares Zeit
verlangt zu haben, und gründet sich darauf um seine
ganze dramaturgische Theorie und Thätigkeit als. eine
« romantisch-grillenhafte » zu bezeichnen. Die Anklage
ist falsch. Eine dekorationslose Bühne verteidigt Tieck
nur in seinem romantischen Jugendwerk : « Briefe über

Shakespeare. » Er ist bald von dieser Ansicht zurückgekommen und hat seine Meinung über diesen Punkt in einem besonderen Aufsatz der dramaturgischen Blätter « Dekorationen » (IV. 72) ausgesprochen. Dort heisst es u. a. : « Warum soll die Bühne nicht geschmückt sein ? wo es passt, Aufzug, Tanz erheitern ? ein Gewitter nicht natürlich vorgestellt werden ? *Es ist nur die Rede davon, dass dies nicht die Hauptsache werde, und den Dichter und Schauspieler verdränge ;* oder dass man Shakespeares und Schillers Poesie dadurch zu verherrlichen glaube, dass man sie durch ein lästiges, zu lange weilendes Augenschauspiel, Musik, Lärm u. s. w. erdrücke. Der Aufzug in Schillers « Jungfrau » ist freilich der Wendepunkt ihres Schicksals, ihre höchste irdische Verherrlichung unmittelbar vor ihrer tiefsten Erniedrigung ; aber desungeachtet könnte Schiller es nicht billigen, wie dieses Ausserwesentliche in Berlin z. B. so die Hauptsache geworden ist, dass alle Worte des Dichters nach diesem Prachtaufzuge nur nüchtern und matt klingen. » Noch entschiedener drückt er sich im folgenden aus : « Warum soll denn diese Lust an Perspektive, Landschaft, Beleuchtung, Zauber des Mondlichtes und Allem dieser Art nicht befriedigt werden ? Ja, ist denn diese Lieblichkeit und Lust an der Täuschung etwas so Verwerfliches, dass es sich gar nicht zum wahren Kunstgenuss erheben liesse ? Ich bin im Gegenteil von dieser Möglichkeit überzeugt. » (IV. 73.)

Der Traum, mit dem sich Tieck sein ganzes Leben getragen und den es ihm erst an seinem Lebensabende vergönnt war einigermassen zu verwirklichen, war, nicht wie vielfach behauptet, die altenglische Bühne in ihrer ganzen Ursprünglichkeit und Hilflosigkeit wiedereinzuführen, sondern eine Bühne zu erfinden, « die sich architektonisch der älteren der Engländer näherte, ohne Malerei und Dekoration ganz zu verbannen », ein Medium also, zwischen der altenglischen und der modernen. Diese Bühne sollte vor allem für Shakespeare-Aufführungen gelten. In seinen Bestrebungen Shakespeare auf die Bühne zu bringen liess sich Tieck, wie bereits bemerkt, von dem obersten Grundsatz leiten dass die Shakespeareschen Dramen ganz dem Original getreu dargestellt werden müssten. Shakespeare, schreibt er, muss man ganz kennen, ganz verstehen oder ihn lieber ignoriren ; « denn jene halbe Kennerschaft, oder das Naschen an seinen Werken, sie hie und da billigen, umgestalten, aufputzen, und mit einigem hinzugefügten Flitterstaat, nachdem man die Schönheit unter Schminke begraben hat, sie unseren Bühnen und dem Volke zu geben, hat immer nur zu Unheil geführt. » (III. 171.)

Eine unverkürzte Darstellung Shakespeares erfordert aber eine Mannigfaltigkeit des Schauplatzes, eine Breite der scenischen Entfaltung, die unsere moderne Bühne nicht bieten kann. Der moderne Zuschauer verlangt dass die Veränderung des Schauplatzes, die Shakespeare nur anzudeuten brauchte, eine wirkliche sei. Einer kleinen, unbedeutenden Zwischenscene wegen, muss der Vorhang fallen und das Theater neu aufgebaut werden. Die strenge Beibehaltung der modernen realistischen Inscenirung würde für einzelne Shakespearesche Schauspiele eine fast hundertmalige Scenenverwandlung erfordern. Häufige Verwandlungen bei offener Scene wären unvermeidlich. Die Einheit des Bühnenbildes würde dabei vollständig zerstört, die Illusion gänzlich vernichtet. Die Darstellung eines Shakespearschen Stückes erfordert eine Bühne, welche das Moment der Mannigfaltigkeit des Schauplatzes mit der Forderung der Einheit des Bühnenbildes vereinigt. Eine solche Bühne hat Tieck bis in die kleinsten Einzelheiten in der Novelle « Der junge Tischlermeister » beschrieben, bei Gelegenheit der Schilderung einer Dilettanten-Aufführung von « Was Ihr wollt » und von « Götz ».

I. J. 1843 brachte Tieck den Sommernachtstraum auf der Berliner Hofbühne zur Aufführung ; er führte dazu die dreistöckige Mysterienbühne wieder ein. Das ermöglichte ihm nur eine Verwandlung vornehmen zu müssen. « So war denn » schreibt er selbst über diese Aufführung, die sich als sehr vorteilhaft erwies, « ein Werk des grossen Dichters neu errungen worden, welches selbst von den Engländern vernachlässigt ist und nur selten und mit bedeutenden Abänderungen gegeben wird. » (IV. 377.) Seine Inscenirung des Sommernachtstraums ist im wesentlichen bis heute beibehalten worden. Seine Absicht mehrere Schauspiele Shakespeares in gleicher Weise für das Berliner Theater einzurichten, so wie eine Shakespeare-Bühne im Tiergarten aufzuschlagen, hat er leider nicht verwirklichen können. — « Ich gebe zu » schreibt er in seiner Besprechung des « Lear », « dass wenn Shakespeare in unseren Tagen leben könnte, und er sich die offenbare schlechtere Einrichtung des Theaters gefallen lassen müsste, er seine Stücke anders stellen würde, dass er selbst Vieles zu seinem Vorteile würde zu gebrauchen wissen : aber seine grossen Meisterstücke, wie wir sie nun einmal besitzen, werden gestört oder verdorben, wenn die Zufälligkeit oder die Mängel unserer Bühne uns so wichtig und unerlässlich sind, dass wir ihnen die geistigen Schönheiten und den Sinn der Gedichte opfern. Der Verständige wird sich doch lieber eine Ungeschicklichkeit, oder kleinere Unwahrscheinlichkeit gefallen lassen, als jenes gewaltthätige Auseinanderreissen von Gefühlen, Gedanken und Uebergängen, oder das Wegnehmen von Ruhepunkten, die der weise Dichter alle mit Ueberlegung einführte, um uns auch das höchste Entzücken zu geben, welches die dramatische Kunst nur erschaffen kann. » (III. 239.) Eine eingehende Schilderung der von Tieck vorgeschlagenen Bühnenreform muss ich mir untersagen ; ich verweise den Leser, der sich darüber genauer unterrichten will auf « Den jungen Tischlermeister ».

Die diesbezüglichen in den Kritischen Schriften zerstreuten Andeutungen sind ganz allgemein gehalten und vielmehr negativer als positiver Natur. Ich fasse sie kurz zusammen. Tieck verlangt eine Bühne die doppelt so breit als die moderne ist, und weniger tief. Die Tiefe, die alles verdirbt, wodurch die Scene ebenso unmalerisch als undramatisch ist, müsste man wieder aufgeben, alle Aufzüge, Bewegungen, das Entfernen und Abgehen, die Bedienten vorzüglich, aus den ersten Seitenflügeln kommen und in diese wieder verschwinden lassen. Man müsste Alles, so zu sagen, in's Profil ziehen, was sich uns jetzt en face präsentirt. Die Tiefe der Bühne bringt ein unnatürliches Hin- und Herreissen mit sich; der Schauspieler weiss nicht wann er sprechen soll, er wird verlegen wenn er nach einer Rede, besonders der Empfindung, noch weit zu. wandern hat. Kann mit irgend einer Wahrscheinlichkeit die Dekoration stehen bleiben, wenn die Sprechenden abgegangen sind, so lasse man sie; man verwandle nur, wenn dies völlig unmöglich. Die moderne Bühne ist auch zu hoch, und die Schauspielhäuser zu gross. Wie soll ein bedeutender Schauspieler den Raum füllen, wenn der Schall seiner Stimme nicht gesammelt wird, sondern in dem tiefen Hintergrunde und nach obenhin verhallt. Das Mienenspiel, alle seine Nüancen bleiben unbemerkt, der Schauspieler muss in diesen weiten Räumen verloren gehen. Das eigentliche Schauspiel ist nur auf ein mässiges Haus berechnet und nur hier kann die tragische Kunst zu voller Wirkung kommen. Auch die Beleuchtung ist viel zu hell. (III. 173. 238-39. IV. 52. 322. Köpke II. 227.)

Der von Immermann in seinem Reisejournal (Ausgabe Hempel X. 138) entworfene Reformplan des Theaters beruht ganz auf die Anschauungen Tiecks. Ueberdies benutzte Immermann in einer von Düsseldorfer Künstlern veranstalteten Dilettantenaufführung von « Was Ihr wollt » die Vorschläge Tiecks für die Inscenirung dieses Stückes. Eine fast vollständige Verwirklichung der Tieckschen Idealbühne ist in allerneuester Zeit durch die Münchener Bühnenreform erfolgt. E. Kilian hat in einem gehaltvollen und interessanten Aufsatze der Allgemeinen

Zeitung (Beilage Nr. 219 und 221, 1890) gezeigt, dass « die scenische Einrichtung der neuen Münchener-Bühne in allen wesentlichen Punkten mit der Bühne übereinstimmt, die Tiecks Phantasie sich erdacht hat, und die im «Jungen Tischlermeister» von ihm beschrieben wird.» Nicht nur die Grundgedanken und Prinzipien Tiecks, sagt Kilian, sind dieselben wie die der Münchener Bühnenreform, sondern auch die technische Ausführung der Bühne und ihre praktische Verwendung.

« Hier wie dort sucht man eine Bühne herzustellen, welche die Vorteile des einfachen, altenglischen Theaters besitzt, ohne die Errungenschaften der Dekorationsmalerei vollkommen zu entbehren. Hier wie dort ist der grundlegende Gedanke, von dem man ausgeht, das Prinzip der Zweiteilung des Spielraums, der Teilung desselben in eine grössere Vorderbühne und eine kleinere Mittel- oder innere Bühne. Hier wie dort ist man bestrebt, den Spielraum dem Zuschauerraum näher zu rücken, indem man sowol der Vorder- als der Mittelbühne nur geringe Tiefe gibt. Hier wie dort ist die Mittelbühne um drei Stufen über den vorderen Spielraum erhöht und wird von demselben getrennt durch eine stabile Dekoration, deren mittlere Oeffnung den Durchblick nach der inneren Bühne gestattet. Bei Tieck hat diese Dekoration die Gestalt eines Säulenbaues, welcher einen breiten Altan trägt, bei der Münchener Bühne besteht dieselbe aus dem stabilen Palastbau, welcher die Vorderbühne abschliesst. Hier wie dort bleibt das Aussehen der Vorderbühne immer dasselbe, sie ist bekleidet durch Vorhänge, die Mittelbühne wird durch einen Vorhang, der sich öffnen und schliessen kann, von dem vorderen Raume getrennt. Hier wie dort werden für die Mittelbühne Dekorationen verwendet, indem die Hinterwand derselben durch einen gemalten Prospect gebildet wird. — Ebenso ist die Art und Weise, wie dieser Spielraum verwendet wird, bei beiden Bühneneinrichtungen in den wesentlichen Zügen übereinstimmend. Bei Tieck sowol als bei der Münchener

Reformbühne wird gewechselt zwischen Spiel auf der Vorderbühne mit geschlossenem Mittelvorhang und Benutzung der Mittelbühne, nachdem der Vorhang derselben sich geöffnet hat ; mit dem Unterschiede blos dass Tieck, wie es scheint, von der ausschliesslichen Verwendung der Vorderbühne als neutralem Schauplatz einen viel ausgedehnteren Gebrauch machen wollte, als dies in München geschieht, wo weitaus die meisten Scenen mit Benutzung der Mittelbühne spielen. Bei Tieck wie auf dem Münchener Theater bleibt das Spiel in den Scenen, welche bei geöffnetem Vorhang vor sich gehen, nicht auf die Mittelbühne beschränkt, sondern die Personen treten im Lauf des Dialog die Stufen herab, so dass alsdann der ganze Bühnenraum in Verwendung ist. Dort wie hier benutzt man kleine Zwischenscenen, welche auf der Vorderbühne spielen, um während dessen die Mittelbühne für die folgende Scene mit Requisiten u. s. w. herzurichten. »

Die Bühnenkritik Tiecks gipfelt in dem Satze dass « alles Zufällige, Unwesentliche auf der Bühne immer mehr die Hauptsache » werde. (IV. 85.) Das gelte besonders vom *Kostüm*.

Manche Direktionen, bemerkt er, haben die Liebhaberei für ein historisch-getreues Kostüm viel zu weit getrieben. Soll die deutsche Bühne, nachdem sie sich in so vielen Verirrungen ergangen, nun auch noch eine Musterkarte von den Trachten der verschiedensten Völker in allen Jahrhunderten werden. Ist sie etwa dadurch ein « Spiegel der Zeit », wenn man uns viele und mannigfaltige Röcke kennen lehrt ? Die Einführung eines gelehrten Kostüms, zu dessen Herstellung man Kupferstiche, Rüstkammern, Leichensteine studirt hat, leitet die Aufmerksamkeit von der eigentlichen Darstellung ab. Das Publikum wird verwöhnt ; die Zuschauer untersuchen mit ihren Gläsern, ob auch an Samt oder Spitzen alles echt sei ; die Schauspielerinnen nehmen jede Gelegenheit wahr, sich umzukleiden, mögen die störenden Pausen auch noch so lange dauern ; die Männer, vorzüglich die jungen, ahmen ihnen nach und sind fast noch stärkere Koketten als jene. Greift die Liebhaberei für viele und neue Kleidungen um sich, so wird schliesslich die Regie dahin gebracht für ihre Repertoire die Stücke vorzuziehen, in denen recht viel Gold und Seide zur Schau getragen wird. Die Garderobe überfüllt sich ; um all' die aufgehäuften kostbaren Kleider nicht ungenutzt verderben zu lassen, wird man vielleicht einem Gelegenheitsdichter den Auftrag geben, sich an den vielen reichen und mannigfaltigen Kleidungsstücken zu begeistern um ein grosses Schauspiel zu erschaffen, worin all dieser Prunk wieder in's Leben treten könnte. Eine vollständige historische Treue des Kostüms ist übrigens unerreichbar. Welchen Massstab der Korrektheit will man z. B. an das Kostüm eines Lear, Hamlet, Othello anlegen? Ein scheinbar gelehrt-kostümirter Calderon würde als Parodie von sich selbst erscheinen. Manche alte Tracht ist hässlich, oder was noch schlimmer, für uns lächerlich. Was würden wir z. B. zu einem Hohenpriester sagen, der in der « Atalie » mit klingenden Schellen erschiene ? Ein poetisch allgemeines Theaterkostüm ist die Grundlage, auf die sich mit geschmackvollen Modifikationen, Alles gründen muss, was für die äussere Zier geschehen muss. (IV. 4-22.)

Auf die meisterhaften Charakteristiken aller namhaften deutschen, französischen und englischen Schauspieler, Eckhof, Anschütz, Esslair, Fleck, Iffland, — den Tieck beschuldigt sich der französischen Manier wieder genähert zu haben —, Wolff, L. Devrient, Schröder, Garrick, Kean, Kemble, Talma, M$^{ile}$ George, Duchesnoi, in den kritischen Schriften, sowie im Phantasus und in den Unterhaltungen mit Köpke, kann ich den Leser nur verweisen ; desgleichen auf seine Bemerkungen über den Zustand der Schauspielkunst in Deutschland, Oesterreich, England, Frankreich und Italien. Die Schauspieler des Dresdener Hoftheaters charakterisirt er eingehend in einem besonderen Aufsatze : « Das dresdener Hoftheater im Januar 1827 ». (IV. 109-132.)

Bekanntlich war Tieck vom Jahre 1820 an am Dresdener Theater thätig. I. J. 1825 wurde er mit dem Antreten des Kammerherrn A. von Lüttichau, auf dessen Fürsprache amtlich als Dramaturg angestellt. Er verblieb in dieser Stellung bis zu seinem Scheiden aus Dresden i. J. 1842. Eifrigen Anteil am Theater nahm er doch nur bis etwa um 1830 ; von da an erlahmte seine Thätigkeit unter dem vielfachen Widerstand der ihm von allen Seiten bereitet wurde. Es ist schwer ein genaues, objektives Urteil über Tiecks Anteil an der Leitung des Dresdener Theaters zu fällen. Seine Stellung war eine unbestimmte. Nach der amtlichen Anweisung sollte er « Beratung und Aushülfe bei den literarischen Geschäften der königlichen Generaldirektion » leisten, und sich mit der « Ausbildung der jüngeren und ungeübten Schauspieler » beschäftigen. Es geht hieraus hervor, dass er nur eine beratende Stimme hatte. Alle Verantwortung und die letzte Entscheidung standen dem General-Intendanten zu, einem Hofbeamten dem Interesse und Verständnis für die Kunst abging. Tieck war kein wirklicher Dramaturg, sondern nur dramaturgischer Ratgeber. Die königliche Genehmigung seiner Anstellung bemerkt ausdrücklich dass ihm Niemand unmittelbar untergeordnet sein sollte. In dieser beschränkten Machtsphäre, hat er sein Möglichstes gethan um dem wahrhaft Künstlerischen zum Siege über das Handwerksmässige zu verhelfen. Es gelang ihm die Aufführung fast aller Werke Shakespeares, Lessings, Goethes, Schillers, Kleists durchzusetzen ; daneben wurden die Meisterwerke der Alten und Calderons, Stücke von Moretto, Lope von Vega, Molière, Sheridan, Grillparzer, Uechtritz, Halm, Mosen u. s. w. dargestellt.

Alles traf zusammen um Tieck seine Thätigkeit als Dramaturg zu verleiden. Vor seiner amtlichen Anstellung, hatte ihm schon die Einführung H. von Kleists in das Répertoire der Dresdener Bühne (6. Dezember 1821) manche Schwierigkeiten bereitet. Seine Vorliebe für H. von Kleist schalt man eine « romantische Grille » und schon damals wurde er angeklagt dem Publikum seinen absonderlichen Geschmack aufdrängen zu wollen. Als er sich nach seiner Ernennung als Dramaturg dem Kabinets-Minister, Grafen von Einsiedel vorstellte, ermahnte ihn dieser sich der Tyrannisirung des Publikums durch einen einseitigen Geschmack zu enthalten. Die möglichst unverkürzten Shakespeare-Aufführungen vermochte er auch nur unter schweren Kämpfen durchzusetzen. Regie und Schauspieler verlangten Aenderungen und Abkürzungen, zu denen Tieck sich nicht entschliessen konnte. Seine Einführung der spanischen Stücke nannte man in Dresden eine Unverschämtheit; Calderons Dame Kobold wurde ausgepocht; dadurch wollte man die « Tiecksche Geschmacksdespotie » brechen. Bittern Tadel erregte auch seine Polemik gegen die herrschende Verehrung Schillers, die nichts als nebelhafte Schwärmerei und Bewunderung einzelner schönen Stellen war. Viel Missfallen erregte auch seine scharfe Kritik Houwalds, der in Dresden eine hochangesehene Persönlichkeit war, und sich wie uns Friesen berichtet « durch eine überaus ehrenwerte und höchst aufopfernde Thätigkeit in der Niederlausitz, während der Drangsale der Jahre zwischen 1806 und 1813, einen Namen gemacht hatte. » Durch seine energische Einsprache gegen die Ueberschwemmung der deutschen Bühne mit Bearbeitungen seichter französischer Bühnenstücke, verdarb er es völlig mit dem Sekretär der General-Direktion, Hofrat Winkler, alias Theodor Hell, der aus der schleunigen Uebersetzung der Pariser Neuigkeiten ein spekulatives Geschäft machte und der übrigens Tieck wegen seiner Anstellung als Dramaturg, zu welcher Stellung er selbst das grösste Anrecht zu haben glaubte, nicht grün war. Mit der « anerkanntesten und geehrtesten kritischen Autorität Dresdens », dem Hofrat Böttiger, dem begeisterten Lobredner Ifflands, war Tieck schon vor seiner Uebersiedelung nach Dresden verfeindet, wegen seiner unbarmherzigen Satire im « Gestiefelten Kater ». Der matte Nachahmer Schillers Eduard Gehe hat Tieck gewiss die schonungslose Heruntermachung seiner « Anna Boleyn » (K. Sch. III. 19-33) nie vergeben. Die gesamte Dresdener Kritik wurde durch Tiecks scharfe Aeusserungen über ihre Beschränktheit und Parteilichkeit schwer verletzt. All die kleinen Theaterkritiker die vor ihm weichen mussten, waren eifersüchtig auf ihn. Seine freimütige Kritik der Schauspieler, die ohnedem gewöhnlich der Leitung eines Literaten abhold sind, brachte sie fast alle gegen ihn auf. Bei Zerwürfnissen mit dem Regisseur, der Tieck auch feindlich gegenüberstand, stellten sie sich immer auf Seite des Ersteren. Der grosse Haufen endlich, den Tieck in den satirischen Märchenkomödien so arg verspottet hatte, dem er in seinen Kritiken so wenig Achtung zollte, der überdies fortwährend gegen ihn aufgehetzt wurde, sah in Tieck nur einen eigensinnigen, grillenhaften Despoten, der ihm nichts als « unverdauliche Britten und Spanier » aufdrängen wollte. Dass Tieck ihm seine « harmlose » Freude an den Pfuschereien der Kotzebue, Clauren, Raupach, Töpfer, Holbein und Konsorten verkürzte, kam ihm wenig gelegen. Tiecks Feldzug gegen die Weimarer Theaterschule war auch wenig geeignet ihm die Sympathie eines Publikums zuzuziehen, das ein Virtuosenconcert einem wahren Schauspiel vorzog. Laube berichtet uns, dass Tiecks Theorie der Schauspielkunst gerade in Dresden am wenigsten durchdrang, dass sich dort vielmehr in den dreissiger und vierziger Jahren eine Spielweise ausbildete, « welche der Weimarschen Deklamations-Richtung nahestand, wenigstens viel näher als irgend einer anderen Richtung. Die Charakterisirung trat mehr und mehr zurück, ungestörte, leise Harmonie wurde der entscheidende Gesichtspunkt. » (Das Norddeutsche Theater S. 96). Laube bemerkt ferner, dass der Charakter der Stadt zu dieser Richtung stimme. Der Dresdener und Sachse überhaupt, sei wie Famulus Wagner « ein Feind von allem Rohen » und verlange vor allem von künstlerischen Bestrebungen dass sie fein artig und formell bedächtig seien. Den philiströsen Charakter der Stadt und ihrer Literatur hat übrigens Tieck selbst in der Novelle « Die Vogelscheuche » (1835) köstlich geschildert. — Den Kampf des Geistes mit der Bornirtheit hat Tieck in Dresden mit bewunderungswürdiger Thatkraft und Ausdauer ausgefochten.

Höchst ungerecht sind die Urteile der bedeutensten Geschichtschreiber der deutschen Schauspielkunst über Tiecks specifisch-dramaturgische Thätigkeit. « Wenn Tieck auf dem Theater sitzt und in Scene setzen soll, da weiss er sich keinen Rat, » sagt Laube. — « Sein Standpunkt blieb ein literarischer, ein unbestimmt grillenhaft-romantischer » schreibt E. Devrient. Beide befinden sich in Widerspruch mit sich selbst, Laube, wenn er Tieck eine « gute dramatische Einsicht » zuerkennt, Devrient wenn er schreibt, dass nur die Hemmnisse verschiedenster Art die Tieck von allen Seiten bereitet wurden, ihn gehindert haben, die dramatische Kunst wie die Schauspielkunst zu « neuem gesunden Leben » anzufachen.

Devrients Aeusserung stimmt auch wenig zu einem Briefe den er am 24. März 1847, inmitten seiner Arbeit an der « Geschichte der deutschen Schauspielkunst », an Tieck schrieb. Hier spendet er der dramaturgischen Thätigkeit Tiecks unbedingtes Lob. Das Gesamtresultat meiner Untersuchung kann nicht besser als mit Devrients Worten ausgesprochen werden, wenn ich mich auch nicht zu der hier verkündeten Unfehlbarkeit Tiecks bekenne.

« Die Geschichte der deutschen Schauspielkunst, welche ich zu bearbeiten unternommen habe, bringt, je weiter und tiefer ich forsche, alles was ich von Ihnen je über das Wesen unsrer Kunst vernommen habe, mir wieder frisch in die Gedanken und lässt so Vieles, was mir sonst Zweifel machte, zu völliger Ueberzeugung werden. Mit dem was Sie über die Entwickelung der deutschen Bühne hier und da in Ihren Werken ausgesprochen — leider ist es nur viel zu wenig für mein

Bedürfnis — fühle ich mich immer mehr und mehr in Uebereinstimmung geraten, so dass ich Ihre Anschauungen als die allerunfehlbarsten habe erkennen lernen. Ein Jeder der gewissenhaft forscht, wird Ihre Ansichten als die einzig passenden Schlüssel erkennen, durch welche man zu der einfachsten und natürlichsten Erkenntnis der Dinge gelangt. Durch meine geschichtlichen Forschungen bin ich erst in vollständige Uebereinstimmung mit Ihnen gekommen, jetzt erst habe ich verstehen gelernt, was ich seit 1822 aus Ihrem Munde gehört. Es ist alles so wie sie es gesagt haben und Keiner hat die Dinge mit so deutschem Herzen für die deutsche Kunst empfunden wie Sie. Ungeblendet von literarischen Glorien haben Sie immer dem Gedeihen der Kunst nachgefragt, Sie haben die Sache der deutschen Schauspielkunst im Herzen getragen, an die doch das Gedeihen des Theaters geknüpft ist, Sie haben auf nur gesunde und naturgemässe Entwickelung gedrungen. Jetzt wo ich die Ueberfülle des geschichtlichen Stoffes von den geistlichen Spielen an bis in die Goethe-Schillersche Schule zu Weimar durchgearbeitet habe, jetzt ist es mir klar geworden, wie ungeheuer Recht Sie mit so Vielem hatten, wovor ich oft gestutzt. Ich weiss, es freut Sie, dass mir die vollständige Erkenntnis davon aufgegangen, und dass ich Sie als meinen Dank Ihnen ausspreche, — darum halte ich nicht zurück. Ich hoffe Sie sollen mit meinem Buche nicht unzufrieden sein, denn wenn Sie auch viel daran vermissen werden, den guten Willen und den getreuen Sinn für die Sache für welche ich arbeite, wird Niemand besser würdigen können als Sie. Wie oft sehne ich mich nach Ihrem Rate, Ihren Nachweisungen aus dem Schatze Ihrer Kenntnisse auf diesem Gebiete, wie viel vollständiger würde mein Buch in Ihrer Nähe werden.» (K. von Holtei: Briefe an L. Tieck. Breslau. 1864. I. 188-89.)

Typ. Anstalt v. L. Willems, in Dolhain. — MDCCCLIIIL